WISSENSCHAFTLICHE BEITRÄGE AUS DEM TECTUM VERLAG

Reihe Sozialwissenschaften

WISSENSCHAFTLICHE BEITRÄGE
AUS DEM TECTUM VERLAG

Reihe Sozialwissenschaften

Band 41

Christopher Dotzler

Die kranke Gesellschaft heilen

Neue Wege für Soziale Arbeit

Tectum Verlag

Christopher Dotzler

Die kranke Gesellschaft heilen.
Neue Wege für Soziale Arbeit

Wissenschaftliche Beiträge aus dem Tectum Verlag:
Reihe: Sozialwissenschaften; Bd. 41

ISBN: 978-3-8288-2503-1

ISSN: 1861-8049

Umschlagabbildung: www.photocase.de, schneekind

Besuchen Sie uns im Internet
www.tectum-verlag.de

Bibliografische Informationen der Deutschen Nationalbibliothek

Die Deutsche Nationalbibliothek verzeichnet diese Publikation in der Deutschen Nationalbibliografie; detaillierte bibliografische Angaben sind im Internet über http://dnb.ddb.de abrufbar.

Zwölfjährige: zwei Promille

Mädchen kam in Kinderklinik – Liebeskummer als Grund

Kinder blutig geschlagen

Schaffner wirft 13-Jährige ohne Fahrkarte aus Zug

Konjunkturpaket schraubt Schulden in neue Höhen

Ekel auf allen Kanälen

Tiefste Rezession in Deutschland

Aus Ärger über Kinder zugestochen

Betrunkene Stalkerin

Schwächelnde Gymnasien

Alles für die Banken, nichts für arme Kinder

Sozialverband stellt der Politik unbequeme Fragen

Immer neue Milliarden-Pakete

Peer Steinbrück sieht Limit erreicht

Hausaufgaben fehlen: Lehrer tötet Schüler

Sittenverfall durchs Fernsehen

CSU-Protest gegen die Fäkalien-Wette bei Gottschalk

Urteil: Scientology ist gemeinnützig

Empörung über „Peepshow"

Datenschützer lehnen geplante Einführung von Nackt-Scannern auf Flughäfen ab

Kein Ende der Exzesse

Türken schlecht integriert

Bahn überprüfte heimlich 173 000 Mitarbeiter

Inhalt

1 Einleitung

Aus Fernsehen, Rundfunk, Zeitschriften und von Plakaten wird uns immer wieder suggeriert: konsumiert. Wir leben in einer materialistischen und kapitalistischen Gesellschaft ohnegleichen. Man bekommt das Gefühl, wer nicht jede Woche einen anderen Jamba-Klingelton hat, nicht weiß wer neuer Deutschland-sucht-den-Superstar-Gewinner ist und nicht die trendigsten Markenklamotten trägt ist vor allem unter Jugendlichen in unserer westlichen Gesellschaft einfach - um einen Anglizismus zu verwenden, damit es auch allgemein verständlich bleib - out. Auch unter den Erwachsenen gilt es mitzuhalten, beim höher, schneller und weiter in unserer allzu temporeich gewordenen Welt. In Zeiten des Friedens und des Wohlstandes im industrialisierten Westen wird gekauft, konsumiert und sich amüsiert.

Während die industriellen Länder im Überfluss leben, werden in anderen Regionen der Erde Kriege geführt, hungern sich jeden Tag Tausende zu Tode und gibt es immer noch Menschenhandel und Sklaverei. Dennoch schauen viele weg.

Schon oft habe ich mir die Frage gestellt: Wie kann es sein, dass ein Mensch, der an materiellen Gütern alles hat - weit mehr als seiner Grundversorgung bedarf - und persönlich eigentlich keine erwähnenswerte Probleme hat, immer noch unglücklich sein kann. Gibt es nicht Tragik und Leid genug auf der Welt, als dass man sich selbst und andere noch in einen Strudel des Unglücks mit hinein ziehen muss?

Deshalb habe ich das Thema kranke Gesellschaft für meine Diplomarbeit gewählt. Wichtig war es mir, bei der Arbeit so gewissenhaft wie möglich und unter Berücksichtigung der wissenschaftlichen Bedingungen vorzugehen. So gewissenhaft wie möglich, da bei dieser Thematik auch sehr viel vom Autor, seinen Erfahrungen und Einstellungen abhängt. Was versteht man unter krank bei einer Gesellschaft? Was liegt beim Handeln des Einzelnen im legitimen Bereich? Wo sind die Grenzen? Jeder hat dazu andere Meinungen und Gedanken. Ich habe versucht einen Standpunkt zu diesem Thema herauszuarbeiten, wobei eine objektive Betrachtungsweise für mich eine große Rolle gespielt hat.

Eine Sache liegt mir am Herzen, die ich gleich im Vorwort erwähnen möchte: Ich bin politisch nicht links und weder Marxist noch Sozialist. Ich betone, dass ich meine Arbeit aus humanistischer und nicht aus sozialistischer Sicht bearbeitet habe! Mehr als einmal bin auch darauf angesprochen worden, ob ich denn sehr weit links bei meiner politischen Einstellung stehe. Wer solch ein Thema zur Diplomarbeit wählt, muss sicherlich mit diesen Fragen rechnen. Doch nochmals: Der humanistische Standpunkt steht ganz im Vordergrund!

Als Einstieg habe ich eine Collage aus Zeitungsausschnitten gewählt. Damit will ich die schier unendlichen Möglichkeiten aufzeigen, in die das Thema kranke Gesellschaft gelenkt werden kann. Kranke Gesellschaft ist das Schlagwort, das sich aus vielen verschiedenen Bausteinen zusammensetzt. Bei dieser umfassenden Thematik muss klar sein, dass nicht alle Aspekte betrachtet werden können (der Missbrauch mit unserer Umwelt, die Klimaänderung oder diverse kriegerische Konflikte als interessante Themenpunkte fallen zum Beispiel weg). Ich behandle nur eine Auswahl der ganzen Bandbreite. Das Auswahlverfahren richtete sich in erster Linie danach, den Bezug zur Sozialen Arbeit zu wahren.

Zusammenfassend lässt sich die Diplomarbeit in zwei Hauptblöcke teilen. Was sind die Aspekte der kranken Gesellschaft? Welche Handlungsmöglichkeiten gibt es in der Sozialen Arbeit?

2 Aspekte einer „kranken Gesellschaft"

Wie kann es überhaupt zu einer kranken Gesellschaft kommen? Was sind die Voraussetzungen dazu? In erster Linie ist es die Fähigkeit des Menschen, zu denken, vernünftig beziehungsweise unvernünftig zu sein. Seine gesamten psychischen Vorgänge. Vergleicht man den Menschen mit dem Tier, so lässt sich feststellten, das körperliche Befriedigungen nicht ausreichen, um den Menschen glücklich zu machen. Viel mehr Bedürfnisse müssen befriedigt werden, damit wir glücklich sind. Das führt natürlich zu Problemen. Wir sind nicht stillschweigend zufrieden mit eigentlich akzeptablen oder gar guten Lebensumständen - würden diese objektiv betrachtet. Die Subjektivität spielt eine große Rolle. Auf Grund von dieser gibt es so viele verschiedene Meinungen, Auffassungen und auch Missverständnisse. Welche Aspekte und welche Charaktereigenschaften führen also dazu, dass Probleme entstehen, wie übertriebener Massenkonsum und Medienkonsum oder das Problem der Individualisierung?

2.1 *Gesundheit*

2.1.1 Gesundheit laut Lexikon

„... das ‚normale' (bzw. nicht ‚krankhafte') subjektive Befinden, Aussehen und Verhalten sowie das Fehlen von der Norm abweichender ärztl. Befunde. G. wird auch häufig entsprechend der Definition der Weltgesundheitsorganisation (WHO) von 1948 interpretiert. Diese beschreibt G. als Zustand des vollkommenen phys., psych. und sozialen Wohlbefindens und nicht nur als Abwesenheit von...Krankheit."[1]

Definition und Grundsätze nach der WHO

„Die Gesundheit ist ein Zustand des vollständigen körperlichen, geistigen und sozialen Wohlergehens und nicht nur das Fehlen von Krankheit oder Gebrechen.

Der Besitz des bestmöglichen Gesundheitszustandes bildet eines der Grundrechte jedes menschlichen Wesens, ohne Unterschied der Rasse, der Religion, der politischen Anschauung und der wirtschaftlichen oder sozialen Stellung.

Die Gesundheit aller Völker ist eine Grundbedingung für den Weltfrieden und die Sicherheit; sie hängt von der engsten Zusammenarbeit der Einzelnen und der Staaten ab.

---

1 Brockhaus: Gesundheit. 21., völlig neu bearb. Aufl. Leipzig, Mannheim: F.A. Brockhaus, 2006 (= Bd. 10), S. 659.

Die von jedem einzelnen Staate in der Verbesserung und dem Schutz der Gesundheit erzielten Ergebnisse sind wertvoll für alle.

Ungleichheit zwischen den verschiedenen Ländern in der Verbesserung der Gesundheit und der Bekämpfung der Krankheiten, insbesondere der übertragbaren Krankheiten, bildet eine gemeinsame Gefahr für alle.

Die gesunde Entwicklung des Kindes ist von grundlegender Bedeutung; die Fähigkeit, harmonisch in einer in voller Umwandlung begriffenen Umgebung zu leben, ist für diese Entwicklung besonders wichtig.

Für die Erreichung des besten Gesundheitszustandes ist es von besonderer Bedeutung, dass die Erkenntnisse der medizinischen, psychologischen und verwandten Wissenschaften allen Völkern zugänglich sind.

Eine aufgeklärte öffentliche Meinung und eine tätige Mitarbeit der Bevölkerung sind für die Verbesserung der Gesundheit der Völker von höchster Wichtigkeit.

Die Regierungen tragen die Verantwortung für die Gesundheit ihrer Völker; sie können diese nur auf sich nehmen, wenn sie die geeigneten hygienischen und sozialen Vorkehrungen treffen."[2]

2.1.2 Verständnis der Menschen

Es gibt für den Begriff Gesundheit in der Regel vier Verständnis-Cluster, wie diese von Menschen aufgefasst wird.

Modus deficiens

Darunter versteht man das Ausbleiben von Beschwerden und Krankheiten. Es kommt dem biomedizinischen Verständnis sehr nahe.

Funktionalistisches Konzept

Die Funktionstüchtigkeit des Körpers, vor allem wenn es um die Erfüllung der beruflichen Rolle geht, ist hier ausschlaggebend.

Wohlbefindenskonzept

Wie der Name schon verrät, wird hier das Wohlbefinden als Maßstab für die Definition von Gesundheit verwendet. Kleinere Unpässlichkeiten und Beschwerden werden aber in Kauf genommen.

Widerstands-Konzept

Gesundheit wird bei diesem Verständnis über die Lebenskraft und Wi-

---

2 Ebd., S. 660.

derstandskraft definiert. Bei diesem Verständnis stellt Gesundheit die Möglichkeit dar, Stressoren abzuwehren und das alltägliche Leben meistern zu können.

[3]

2.1.3 Körperliche Gesundheit und soziale Herkunft

Die gesellschaftlichen Grundlagen haben direkten Einfluss auf die Gesundheit des Einzelnen. Diese Argumentation ist eigentlich ganz einfach. Noch immer haben Bildung und Einkommen die größten Auswirkungen auf den Menschen und seine Lebensverhältnisse. Die Stellung einer Person in der sozialen Hierarchie bedingt viele individuelle Aspekte. Von dieser sozialen Stellung hängt beispielsweise ab, „... welche beruflichen Möglichkeiten die einzelnen Personen haben, in welchen Wohnverhältnissen sie leben, welchen beruflichen Belastungen sie ausgesetzt sind, wofür sie ihr Geld ausgeben (können), wie sie Probleme bewältigen und was sie in ihrer Freizeit tun. Viele dieser Faktoren haben einen direkten Einfluss auf die Gesundheit und deuten auf die Verbindung zwischen sozialer Ungleichheit und Gesundheit hin."[4] Viele verschiedene Studien haben herausgefunden, dass Personen mit niedriger Bildung, niedrigem Einkommen und einer dementsprechenden beruflichen Stellung im Durchschnitt nicht nur früher sterben, sondern auch häufiger an gravierenden gesundheitlichen Beeinträchtigungen leiden. Dass es diese ungleiche Verteilung der Gesundheit zwischen den sozialen Schichten gibt, ist kein neues Ergebnis. Bereits 1923 fasste Alfred Frotjahn zusammen:

„Die sozialen Verhältnisse

- schaffen oder begünstigen die Krankheitslage;
- sind die Träger der Krankheitsbedingungen;
- vermitteln die Krankheitsursachen;
- beeinflussen den Krankheitsverlauf."[5]

Auch wenn diese Zusammenhänge schon früh erkannt wurden, lag diese Thematik jedoch lange Zeit auf Eis. Erst seit Mitte der 1990er-Jahre hat die Soziologie dieses Thema wieder intensiv aufgegriffen.[6]

---

3 Barz, H. u. a.: Neue Werte - Neue Wünsche: Future values: wie sich Konsummotive auf Produktentwicklung und Marketing auswirken. Düsseldorf, Berlin: Metropolitan, 2001, S. 214.

4 Richter, M. & Hurrelmann, K.: Warum die gesellschaftlichen Verhältnisse krank machen. In Zs: Aus Politik und Zeitgeschichte 42 (2007), S.3–10, hier S. 3.

5 Ebd., S. 4.

Die Stufen der sozialen Hierarchie und der damit verbundene gesundheitliche Zustand können linear betrachtet werden. Je schlechter die soziale Stellung, desto mehr „...steigt das Risiko frühzeitiger Sterblichkeit und der Häufigkeit von Krankheit und Behinderung stufenweise an."[7] Bei einer Befragung der subjektiv empfundenen Gesundheit zeigte sich, dass die Einschätzungen klar schichtabhängig sind. Egal ob Frauen oder Männer, jung oder alt, die Unterschichten empfinden ihren Gesundheitszustand immer schlechter. Dabei hat sich erwiesen, dass die subjektiven Informationen den objektiven Gesundheitszustand gut vorhersagen. Man könnte nun unzählige Studien als Beweisführung heranziehen, dass soziale Schicht und körperliche Gesundheit einen Zusammenhang haben. Ich gehe aber davon aus, dass dies relativ unumstritten in der Wissenschaft sein dürfte und vertiefe diese Behauptungen nicht mit Einzelheiten. Jedoch möchte ich zwei aussagekräftige Grafiken zeigen. Zum einen eine Grafik, die den bereits besprochenen subjektiven Gesundheitszustand darstellt und zum anderen eine Grafik, die die vorzeitige Sterblichkeit mit dem Einkommen vergleicht. Aus der zuletzt genannten Grafik sieht man sowohl bei Frauen, als auch bei Männern das direkte Zusammenspiel dieser Faktoren.[8]

Abbildung 1: Anteil der Männer und Frauen, die ihren allgemeinen Gesundheitszustand als „sehr gut" einschätzen, nach sozialer Schichtzugehörigkeit

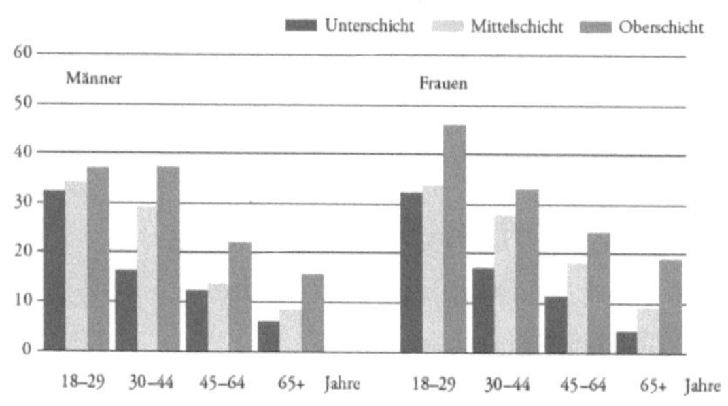

Quelle: Thomas Lampert u. a., Armut, soziale Ungleichheit und Gesundheit, Berlin 2005; Datenbasis: Telefonischer Gesundheitssurvey 2003. [9]

---

6 Ebd., S. 3–4.

7 Ebd., S. 5.

8 Ebd., S. 4–5.

9 Ebd., S. 5.

Abbildung 3: Vorzeitige Sterblichkeit vor einem Alter von 65 Jahren nach Einkommen und Geschlecht

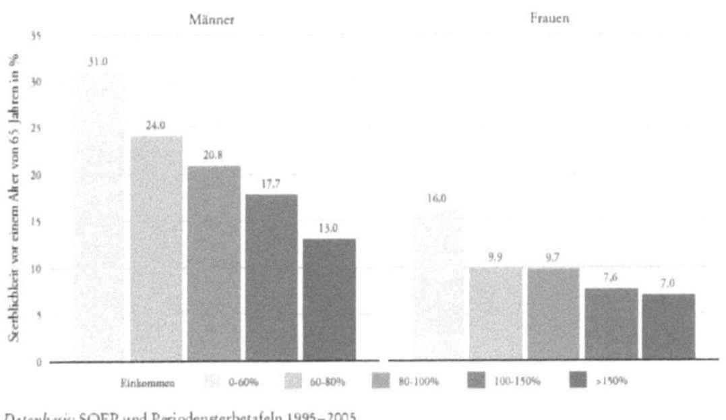

Datenbasis: SOEP und Periodensterbetafeln 1995–2005. [10]

Viel wichtiger als die Frage ob es einen Zusammenhang gibt, ist die Frage nach der Ursache. Hier gibt es traditionell drei verschiedene Erklärungsversuche. Die erste Theorie geht davon aus, dass nicht das Einkommen und der Beruf die Gesundheit beeinflussen, sondern umgekehrt. Man spricht von einem „... Survival oft the fittest ..."[11], bei dem sich nur die Gesunden durchsetzen. Zwar gibt es Anhaltspunkte, die all diese Zusammenhänge stützen, jedoch ist die Anzahl der Personen, die davon betroffen sind zu gering um es als ausschlaggebend zu bezeichnen. Die beiden anderen Erklärungsversuche gehen von der umgekehrten Wirkung aus, dass Armut krank macht. Es gibt einen materiellen und einen kulturell-verhaltensbezogenen Erklärungsansatz. Ersterer argumentiert, dass Personen der unteren Statushierarchie neben den finanziellen Nachteilen, auch in einer gesundheitsschädlicheren Umwelt leben. Es wird davon ausgegangen, dass untere Hierarchiestufen schlechtere, schadstoffreichere Wohnverhältnisse und Arbeitsumgebungen zur Grundlage haben. Der kulturell-verhaltensbezogene Erklärungsansatz stellt den Zusammenhang eines gesundheitsbezogenen Risikoverhaltens und der Schichtzugehörigkeit in den Mittelpunkt. Zigarettenrauchen, Fehlernährung, Alkoholmissbrauch und Bewegungsmangel sind Beispiele für Risikoverhalten. Neben diesen drei Theorien kamen in der jüngeren Forschung neue Ansätze hinzu. Als Wichtigster ist hier der psychosoziale zu nennen. Dabei werden „... psychologische sowie psychosoziale Faktoren (etwa kritische Lebensereignisse, chronische Alltagsbelastungen oder berufliche Gratifikationskrisen) zur Erklärung

---

10 Lampert, T. & Kroll, L. & Dunkelberg, A.: Soziale Ungleichheit der Lebenserwartung in Deutschland. In Zs: Aus Politik und Zeitgeschichte 42 (2007), S. 17.

11 Richter u.a., a.a.O., S. 6.

gesundheitlicher Ungleichheiten ..."[12] herangezogen. Natürlich dürfen all diese Ansätze nicht zu statisch gesehen werden. Verschmelzungen und Verknüpfungen sind eine logische Annahme. Ein Modell von Mackenbach zeigt die verschiedenen Einflüsse.[13]

Abbildung 2: Einfaches Modell zur Erklärung gesundheitlicher Ungleichheit

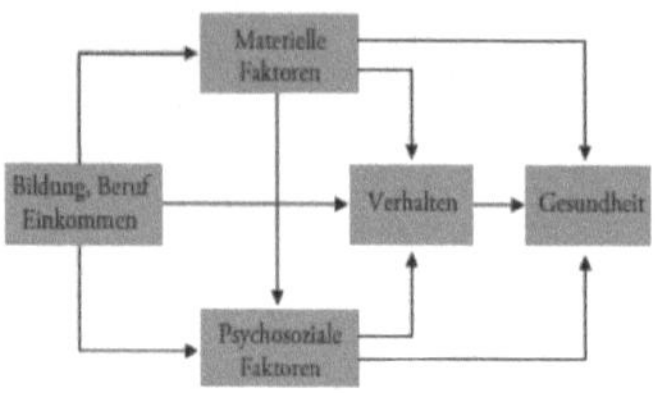

Quelle: modifiziert nach Johan P. Mackenbach (Anm. 2). [14]

Resümierend ist festzuhalten, dass die verschiedenen Zusammenhänge sehr komplex und nicht eindeutig definierbar sind. Es gibt zahlreiche Überlappungen der unterschiedlichen Erklärungsansätze. Die Kernerkenntnis ist, dass die „... allgemeine Beharrlichkeit gesundheitlicher Ungleichheiten zeigt, dass diese tief in modernen Gesellschaften verwurzelt sind."[15]

2.1.4 Verständnis nach Fromm

Fromm schreibt als ersten Satz in seinem Buch Wege aus einer kranken Gesellschaft: „Keine Idee ist so verbreitet, wie die, dass wir, die in der westlichen Welt des 20. Jahrhunderts lebenden Menschen, überaus gesund seien."[16] Ein kleiner Hinweis vorab. Wir bewegen uns bei dieser Aussage, zeitlich gesehen, in der Mitte des 20. Jahrhunderts, da das Buch erstmalig 1955 erschienen ist. Nichtsdestotrotz hat der Satz nichts an aktueller Bedeutung verloren. Fromm behauptet, dass viele Menschen mehr oder weniger unter seelischen Erkrankungen leiden. Er schreibt,

---

12 Ebd., S. 7.

13 Ebd., S. 6–8.

14 Ebd., S. 8.

15 Ebd., S. 10.

16 Fromm, E.: Wege aus einer kranken Gesellschaft. Eine sozialpsychologische Untersuchung. 5. Aufl. München: Deutscher Taschenbuch Verlag, 1991, S. 11.

dass der Mensch es nicht schafft Frieden zu schließen. Die drei großen Kriege von 1870, 1914 und 1939 (hier sind unmissverständlich der Deutsch-Französische Krieg, der I. Weltkrieg und der II. Weltkrieg gemeint) sowie die Tatsache, dass in 3000 Jahren 8000 Friedensverträge geschlossen wurden, würden einen Beleg dafür darstellen. Kritisch äußert er sich auch über das Wirtschaftssystem in westlichen, bzw. industriellen Ländern, in denen eine zu gut ausfallende Ernte schon Gefahren darstellen würde. Aufgrund der zu hohen Ernteerträge werde der Markt reguliert und die Produktion gesenkt, obwohl diese Güter von Menschen in anderen Ländern dringendst benötigt werden würden.[17]

Mit der enormen Zunahme an Freizeit und dem damit einhergehenden Problem, die Zeit tot schlagen zu müssen, könne man gesellschaftliche Probleme und seelische Erkrankungen ableiten. Jedoch bestritten Psychiater und Psychologen zur Zeit Fromms dies und begründeten seelische Erkrankungen als Folge der nichtangepassten Individuen.[18]

Fromm verwendet immer wieder den Begriff der seelischen Gesundheit. Deren Merkmale sind die Fähigkeit zu lieben und etwas zu schaffen, die „... Loslösung von den inzestuösen Bindungen an Clan und Boden ..."[19], ein Identitätserleben (also ein Bewusstes erleben des Ichs), das Begreifen der Realität und die Entwicklung von Objektivität und Vernunft. Kritik an den Kriterien könne geübt werden, so der Autor, wenn behauptet wird, dass alle Menschen, die vor Hunderttausenden von Jahren in primitiven Kulturen gelebt haben, als nicht seelisch Gesund bezeichnet werden, da Vernunft noch wenig bis fast gar nicht ausgeprägt war und diesen Menschen auch noch weitere Eigenschaften fehlten.[20]

Fromm entgegnet dieser Kritik, anhand eines Beispiels: Ein Mensch in der heutigen Zeit, der sich verhält wie ein Kleinkind das einen Monat alt ist, gilt als psychisch krank. Genauer gesagt als schizophren. Für ein Kleinkind von einem Monat ist dieses Verhalten jedoch normal, da es entwicklungstypisch ist. Das Kind muss sich erst entwickeln und genauso musste sich die Menschheit im Laufe der Evolution entwickeln. So weißt auch die Evolution verschiedene Entwicklungsstufen auf. Nur wenn Menschen unter diesen Stufen oder Individuen unter der altersüblichen Entwicklung bleiben, besteht eine Abweichung der Norm. Nicht jedoch wenn ein primitiver Mensch in einer prähistorischen primitiven Zeit lebt. Fromm behauptet, dass die Entwicklung eines Menschen rein von kulturellen Faktoren abhängt. Selbst Kinder aus den primitivsten

---

17 Ebd., S. 11–12.

18 Ebd., S. 13.

19 Ebd., S. 64.

20 Ebd., S. 64–65.

Kulturen würden sich genau wie andere Kinder in hoch entwickelten Kulturen entwickeln, wenn sie dort aufwachsen würden, da alle organischen Voraussetzungen vorhanden seien. Seelische Gesundheit hängt viel weniger vom Individuum ab als von der Gesellschaft. Die Gesellschaft muss Rahmenbedingungen schaffen, Vernunft und Objektivität des Menschen sowie dessen Fähigkeiten zu lieben und schöpferisch zu arbeiten zu entwickeln und das Selbstgefühl zu fördern.[21]

Welche Bedingungen führen aber dazu, dass Menschen seelisch krank werden können? Welchen Anteil hat der Mensch und welchen das Wirtschaftssystem?

2.2 *Bedingungen beim Menschen*

2.2.1 Liebe und Narzissmus

Wir haben festgestellt, dass die Befriedigung der physiologischen Bedürfnisse für den Menschen alleine nicht ausreicht, um glücklich zu sein. Er strebt in aller erster Linie nach Beziehungen zu Anderen und sich mit diesen zu vereinigen. Kurz gesagt: nach Liebe. Der Mensch versucht durch Unterwerfung oder Beherrschung Anderer, seiner individuellen Existenz zu entfliehen. Unterworfen wird sich einem Menschen, einer Gruppe, einer Institution oder einem Gott. Beherrscht wird, indem Macht ausgeübt wird. Jedoch kann mit diesen beiden Strategien kein Eins sein mit der Welt und mit sich selbst erreicht werden. Einziger Schlüssel um die Türe zum Eins sein zu öffnen, ist laut Fromm die Liebe: „Liebe ist die Vereinigung mit einem anderen Menschen oder Ding außerhalb seiner selbst unter der Bedingung, daß [sic] die Gesondertheit und Integrität des eigenen Selbst dabei bewahrt bleibt."[22] Fromm schreibt auch, dass bei der Liebe zwei Menschen eins werden und dabei zwei bleiben. Damit meint er, dass sie ihr Leben teilen, solidarisch sind, unter den Bedingungen, sein Integritätsgefühl zu wahren und unabhängig zu bleiben. Gegenteilig spricht er vom Narzissmus, indem die narzisstische Person seine Außenwelt nicht objektiv wahrnimmt. Für diese Person gibt es nur eine Realität. Ursache des Narzissmus als schwere psychische Krankheit, ist der „sekundäre Narzissmus". Dieser trifft zu, wenn es einem Heranwachsenden nicht gelingt, eine Liebesfähigkeit zu entwickeln oder diese verliert. Narzissmus steht als Gegenpol zur Objektivität und der Vernunft der Liebe.[23]

---

21 Ebd., S. 66–67.

22 Fromm, Wege aus einer kranken Gesellschaft, a.a.O., S. 34.

23 Ebd., S. 32–38.

2.2.2 Kreativität und Destruktivität

Der Mensch strebt immer danach, aktiv zu sein und sich keinem passiven Schicksal zu unterwerfen. Da er geboren wird ohne Einfluss darauf zu haben - also ohne gefragt zu werden - und über ein Vorstellungsvermögen und die Fähigkeit zu Denken verfügt, will er handeln und selbst zu seinem Schöpfer werden. Der Mann kann Kinder zeugen, die Frau kann ein Kind austragen. Der Mensch kann Dinge herstellen, Samen säen, damit etwas wächst, Kunstwerke schaffen. Aber nicht nur der Schaffensdrang zeigt, wie die Passivität übergangen wird. Der Zerstörungsdrang ist die andere Seite der Medaille.[24]

2.2.3 Suche nach einer Identität

„Man kann den Menschen als das Lebewesen definieren, das ‚ich' sagen kann, das sich seiner selbst als einer eigenständigen Größe bewußt [sic] werden kann."[25] Der Mensch besitzt die Fähigkeiten der Vernunft und des Vorstellungsvermögens. Somit ist er gezwungen sich Gedanken und sich eine Vorstellung von sich selbst zu machen. Was hingegen ein Tier zum Beispiel nicht machen kann beziehungsweise machen muss. Der Mensch muss sich als „... Subjekt seines Handelns ..."[26] sehen, mit all seinen Folgen. Wer sein Bedürfnis nach Identitätserleben nicht befriedigt, der kann nicht gesund bleiben. Wenn auch noch im geringsten Kindesalter eine primäre Beziehung zur Mutter besteht, so löst sich diese von Zeit zu Zeit und der Trieb zur Suche nach einer Identität, nach einem Ich, wächst. Auf der Suche nach der eigenen Identität geben oft Gemeinschaften oder Gruppen durch Definitionen über Nation, Religion, Klasse oder Beruf eine Ersatzlösung, falls man sich nicht selbstständig ein konkretes Ich-Bewusstsein aufbauen kann. Der Mensch verschafft sich also durch verschiedene Eingruppierungen, nach verschiedenen Faktoren, eine Identitätszugehörigkeit. Ohne dieses Identitätserleben kann der Mensch sowohl geistig als auch seelisch nicht gesund bleiben.[27]

2.2.4 Suche nach einem Orientierungsrahmen und einem Objekt der Hingabe

Der Mensch benötigt einen Rahmen der Orientierung. Er ist Voraussetzung für seine seelische Gesundheit. Die Welt muss sowohl subjektiv – mit all seinen Wünschen und Bedürfnissen – als auch objektiv erfasst

---

24 Ebd., S. 38–39.

25 Ebd., S. 58.

26 Ebd., S. 58.

27 Ebd., S. 58–60.

werden können. Diese Betrachtungsweisen, die sich der Mensch im Laufe der Zeit aneignet, sind sozusagen die Orientierungsrahmen. Durch viele Entscheidungen, die der Mensch treffen muss, bildet sich dieser Rahmen heraus. Oft ist zum Beispiel schon der Glaube an ein Totemtier oder einen Regengott oder aber auch der Glaube an die Überlegenheit einer Rasse, eine Befriedigung des Bedürfnisses nach einem Orientierungsrahmen. Die Orientierung sucht sich oft konkrete Objekte um befriedigt zu werden. Bestes Beispiel sind die verschiedenen Religionen mit ihren Gottheiten.[28]

Narzissmus, Destruktivität, die Suche nach einer Identität und einen Orientierungsrahmen sind nur ein kleiner Bestandteil des komplexen Menschen. Vergleicht man ihn mit dem Tier, so ist dieses doch sehr primitiv. Das Tier versucht nur die Urtriebe zu befriedigen, während der Mensch von vielen anderen Faktoren und Bedürfnissen angetrieben wird. Dass führt zu Problemen. Durch einen übertriebenen Konsum kommt es zu großen Gleichgewichtsstörungen, an denen der Mensch selbst schuld ist. Es wird umweltunfreundlich produziert, nur um die Konsumbedürfnisse zu befriedigen. Die Jugend verdummt vor dem Fernseher, da sie gleichgültig vieles schluckt was ihnen vorgesetzt wird. Um nur einige Beispiele der kranken Gesellschaft zu nennen.

2.2.5 Wechsel der Autoritäten

Einen Beitrag dazu, dass unsere Gesellschaft langsam immer kränker wird ist bedingt durch den sogenannten Wechsel der Autoritäten.

In den vergangenen Jahrhunderten, vor allem im 18. und 19., stand man einer offenen Autorität gegenüber. Es waren reelle, fassbare, oder zumindest konkrete Personen oder Dinge, die einem eine Marschrichtung vorgegeben haben. So „... der Vater, der Lehrer, der Chef, der König, der Offizier, der Priester, Gott, das Gesetz, das moralische Gewissen."[29] Mitte des 20. Jahrhunderts folgte eine „...anonyme, unsichtbare, entfremdete Autorität."[30] Anstatt einer starken offenen Autorität gerecht zu werden, stand man nunmehr den Anforderungen der öffentlichen Meinung oder dem Wirtschaftsmarkt gegenüber. Direkte Befehle, Anordnungen oder Bestimmungen schwinden immer mehr. In der Industrie werden beispielsweise Vorschläge seitens der Leitung gemacht, anstatt Vorgaben festzulegen.[31]

---

28 Ebd., S. 60–62.

29 Ebd., S. 133.

30 Ebd.

31 Ebd., S. 133–134.

Der Status Quo der Autorität lässt sich gut mit der Situation der Individualisierung vergleichen. Sowohl die veränderte Autorität als auch die Entwicklung der Individualisierung bieten mehr Freiheit, mehr Chancen und mehr Bewegungsfreiheit für die Menschen. Jedoch birgt dies auch viele Risiken. Es gibt keine richtungsweisenden Anhaltspunkte und keine vorgezeichneten Wege mehr, die eine gewisse Sicherheit bedeuten. Mehr über die Individualisierung ist unter dem gleichlautenden Gliederungspunkt zu lesen.

Ein Problem bei der entfremdeten Autorität: Es kann sich kein gesundes Selbstgefühl, kein gesundes Ich-Gefühl entwickeln. Ohne eine offene Autorität gibt es keine Konflikte und Rebellionen mehr. Solches rebellieren und protestieren - selbst bei einer Niederlage - entwickelt erst eine Persönlichkeit. Doch wo sollen solche Kämpfe stattfinden, wenn es keinen fassbaren Gegner gibt? Es gibt erst gar nicht die Möglichkeit über Auseinandersetzungen zu einem Selbst zu finden.[32]

Die anonyme Autorität bringt uns dazu, dass wir bestimmten Erwartungshaltungen seitens der Gesellschaft gerecht werden. „Es wird von mir erwartet, daß [sic] ich das tue, was alle anderen auch tun, daher muß [sic] ich mit ihnen konform gehen, ich darf nicht anders sein als sie, darf nicht von ihnen ‚abstechen'"[33], schreibt Fromm.[34]

Was das für viele in der heutigen Zeit bedeutet ist bekannt. Die Menschen fühlen sich gedrängt, diese oder jene Markenklamotten zu tragen, eine bestimmte Musik zu hören oder ein bestimmtes Verhalten an den Tag zu legen. Die Manipulation durch die Werbung hat daran maßgeblichen Anteil. Der Arbeitsmarkt fordert vom Einzelnen auch immer. Geographisch, zeitlich und sozial gilt es stets flexibel zu sein. Womit wir auch schon beim Thema Wirtschaftssystem wären.

2.3 *Bedingungen im Wirtschaftssystem*

2.3.1 Wirtschaftssystem des 17. und 18. Jahrhunderts

Merkmale des Wirtschaftssystems des 17. und 18. Jahrhunderts:

-„... Existenz von politisch und rechtlich freien Menschen ..."[35]

---

32 Ebd., S. 134.

33 Ebd.

34 Ebd., S. 134–135.

35 Ebd., S. 76.

-„… Tatsache, daß [sic] freie Menschen (Arbeiter + Angestellter) ihre Arbeitskraft dem Besitzer von Kapital auf dem Arbeitsmarkt durch einen Vertrag verkaufen …"[36]

-„… Bestehen des Gebrauchsgütermarktes als einen Mechanismus durch den die Preise bestimmt werden und der Austausch des Sozialprodukts reguliert wird …"[37]

-„… Prinzip, daß [sic] jeder einzelne den eigenen Profit im Auge hat und dass trotzdem durch den Wettbewerb aller angeblich der größtmögliche Vorteil für alle erzielt wird …"[38]

Vor allem zwei Merkmale charakterisieren den Kapitalismus im 17. und 18. Jahrhundert. Zum einen waren Technik und Industrie noch auf Kinderbeinen unterwegs und steckten gerade in der Entwicklung. Zum anderen gab es noch sehr mittelalterliche Vorstellungen und Ideologien, was die Wirtschaft und den Handel anbelangte. Es führte zur Empörung und zu öffentlicher Kritik, wenn ein Kaufmann versuchte, durch niedrigere Preise oder andere Machenschaften, jemanden die Kundschaft streitig zu machen.[39]

Maschinen, die die Arbeit anstelle eines Menschen erledigten, wurden als Feind der Arbeit bezeichnet. Man stand wirtschaftlichen Fortschritten, die der Gesellschaft oder einen Teil ihrer schädigte, sehr kritisch gegenüber. Darüber hinaus wurde in diesen beiden Jahrhunderten das traditionelle Denken sehr hoch geschrieben.[40]

2.3.2 Kapitalismus des 19. Jahrhunderts

Dieses Denken ging, erst langsam und dann zunehmend schneller, verloren. Prägend für den Kapitalismus des 19. Jahrhunderts war die gnadenlose und skrupellose Ausbeutung des Arbeiters. Kapitalisten und Unternehmer wuchsen in dieser Zeit, in der die Dampfmaschine erfunden wurde, enorm. Die Unternehmen hatten gar keine andere Wahl, als ständig zu expandieren oder auf dem neuesten Stand der Technik zu bleiben.[41]

Blicken wir in die Vergangenheit und betrachten die verschiedenen Gesellschaften, ist festzustellen, dass es noch nie einer gelungen ist, ihre

---

36 Ebd.

37 Ebd.

38 Ebd.

39 Ebd., S. 76–77.

40 Ebd., S. 77.

41 Ebd., S. 78.

Güter und Waren innerhalb ihrer Teilnehmer aufzuteilen. Dadurch entstanden verschiedene Klassen. Klassen, die überproportional mehr Anteil am Allgemeingut hatten und zudem noch große Macht besaßen, trotz einer deutlich numerischen Unterlegenheit. Andere wiederum mussten zurückstecken. Was früher durch Gewalt aufgeteilt und geregelt wurde, regelte im Kapitalismus der Markt. Der Arbeiter schien frei in seinen Entscheidungen und in seinem Handeln zu sein, war er aber nicht. Der Arbeiter hatte entweder die Möglichkeit Arbeitsverträge und Tarife anzuerkennen und trotzdem in Hungernot und am Existenzminimum zu leben oder diese Umstände nicht zu akzeptieren und noch schlechter dazustehen.[42]

Im Zuge des Kapitalismus kam es zu immer größeren Konkurrenzkämpfen. Es hatte nicht mehr jeder seinen traditionellen Platz in der Gesellschaft. Der Einzelne musste um seine Rangordnung kämpfen und sich beweisen. Moral und Solidarität nahmen dadurch immens ab.[43]

Fromm kritisiert, dass es wenige Gewinner und viele Verlierer in der Kapitalisierung gegeben hat. Er schreibt, dass die Arbeiter ausgebeutet wurden und zugleich der Unternehmer überproportional viel verdiente. Aussagen, dass der Unternehmer das Risiko trägt oder dass beim Ansparen des Kapitals Verzichtleistungen erbracht werden mussten, könne nicht die ungleichmäßige Gewinnverteilung zwischen Unternehmer und dem Arbeiter rechtfertigen. Weiterhin wird der Verdienst bestimmter Berufsgruppen kritisiert. Ein Arzt verdient im Vergleich zu einem Lehrer wesentlich mehr, obwohl der Lehrer sich genau so anstrengen muss und für die Gesellschaft eine nicht weniger wichtige Rolle spielt. Genauso wird das Beispiel eines Grubenarbeiters und eines Betriebsleiters einer Kohlenmine herangezogen. Wobei der Betriebsleiter ein Vielfaches verdient, obwohl der Arbeiter mehr Gefahren und Risiken ausgesetzt ist und zudem viel härter arbeiten muss.[44]

Auch in der Gegenwart können derartige Vergleiche gezogen werden. Betrachtet man nur die Situation des „Ein-Euro-Jobs“, so wird klar, dass hier eine Arbeitskraft billig ausgenützt wird. Zumeist auch noch bei den unbequemlicheren Arbeiten. Obwohl es zweifellos ein hauptsächliches Problem der Gesellschaft beziehungsweise der Politik ist (wobei natürlich der Markt und seine Mechanismen nicht außen vor gelassen werden dürfen), interveniert diese dennoch nicht helfend oder entlastend, sondern drängt die Verlierer des Arbeitsmarktes dazu, für niedrigste Löhne anstrengende und unbequeme Arbeiten zu erledigen.

---

42 Ebd., S. 79–80.

43 Ebd., S. 80-81.

44 Ebd., S. 81–82.

Ein-Euro-Jobs sollten der Integration, beziehungsweise der Reintegration in die Arbeitswelt dienen. Jedoch wird großer Missbrauch betrieben. Eine Prüfung des Bundesrechnungshofes im Jahr 2007 bestätigte dies. Lange müssen die Hartz-IV-Empfänger vom Leistungsbeginn bis zu einem schriftlichen Abschluss einer Eingliederungsvereinbarung warten. Durchschnittlich 16 Wochen. Oft sind die gesetzlich bestimmten Voraussetzungen für die Förderung nicht gewährleistet. Bei zwei Drittel der Maßnahmen fehlte mindestens eine von diesen. Die Arbeiten, die die Ein-Euro-Jobber erledigen sind bei 80 Prozent nicht zusätzlich, wie es eigentlich gedacht ist. Es werden Haushaltslöcher gestopft und normale Arbeitskräfte durch den Einsatz der billigen Arbeiter ersetzt. Der Bundesrechnungshof fordert deshalb unter anderem verschärfte Kontrollen.[45]

Als hortende Orientierung beschreibt Erich Fromm die Sucht nach Ersparnissen und Besitz. Er schreibt aber auch, dass nicht gleich alles schlecht sein muss an solchen Charakter-Eigenschaften einer Person oder einer Gesellschaft. Fromm zählt sowohl positive als auch negative Aspekte dieser Orientierung auf. Zu den Positiven für den Einzelnen zählen, dass dieser praktisch, sparsam, sorgsam, reserviert, vorsichtig, verlässlich, gelassen, ordentlich, überlegt und loyal ist. Wenn der Einzelne positive Eigenschaften in ein System einbringt kommt das der Gesellschaft natürlich zugute und umgekehrt. Negative Merkmale dagegen wären, dass der Mensch phantasielos, geizig, argwöhnisch, kalt, ängstlich, eigensinnig, träge, pedantisch, zwanghaft und besitzgierig ist. Geschichtlich betrachtet lässt sich erkennen, dass im 18. und 19. Jahrhundert vor allem die positiven und im 20. Jahrhundert überwiegend die negativen Eigenschaften vorgeherrscht haben.[46]

Die Art der Ausbeutung hat sich mit der Zeit zum Schlechten gewandelt. Die Feudalzeit war noch geprägt von der Solidarität, trotz der verschiedenen Klassen und damit einhergehend deren unterschiedlichen Rechte. Zur damaligen Zeit wurde angenommen, dass der Feudalherr das von Gott gegebene Recht habe, Dienst- und Sachleistungen von seiner Anhängerschar zu verlangen. Andererseits hatte der Feudalherr aber auch die Verpflichtung und die Verantwortung, für seine Untertanen zu sorgen, sodass wenigstens das Existenzminimum gesichert war.[47]

Somit kann man hier von einer Ausbeutung der unteren Schichten, jedoch mit der Sicherung eines gewissen Lebensstandards, sprechen. Zwar

---

45 Knebel Bernd (2008): Massiver Missbrauch mit Ein-Euro-Jobs. In: www.haz.de (Über die Suchfunktion nach dem Titel suchen) Zugriff am 25.11.2008.

46 Fromm, Wege aus einer kranken Gesellschaft, a.a.O., S. 83.

47 Ebd.

gab es eine große Kluft zwischen den verschiedenen Klassen, aber es wurde sichergestellt, dass es der breiten Masse nicht an Grundversorgung und der Befriedigung der Grundbedürfnisse fehlt.

Die Entwicklung im 19. Jahrhundert rückte von dieser Solidarität ab und es kam zu einer reinen Ausbeutung der Arbeiter. Diese wurden nunmehr lediglich als Waren auf dem Markt angesehen. Der Unternehmer verpflichtete sich lediglich für die Lohnzahlung des Arbeiters, der zumeist absolut unterbezahlt war. Darüber hinaus hatte der Arbeitgeber keine weitere Verantwortung für seine Angestellten. Arbeitslose und Hungerleidende wurden mit ihren Problemen alleine gelassen. Ihre Sorgen verschwanden in der Anonymität. Die Schuld kann aber nicht auf einzelne Unternehmer abgespeist werden, sondern war vielmehr ein Problem der Gesellschaft, da niemand für diese Probleme verantwortlich war beziehungsweise verantwortlich gemacht werden konnte. Daher wurde auch nicht interveniert.[48]

Das Ausbeuten und Horten im 19. Jahrhundert führte zu einem Mangel an Respekt vor der Würde des Menschen. Afrika, Asien und die eigene Arbeitsklasse wurden ohne Rücksicht auf diese Würde ausgenommen. Kennzeichen für diese Zeit waren die Unterordnung der unteren Klassen und die absolute Autorität einzelner Individuen über viele andere. Der Sozialismus beschwor, wenn Ausbeuterei ein Ende hätte und der Arbeiter nicht mehr vom Kapitalist abhängig wäre, so würde alles Gute im Menschen zum Vorschein kommen. Freie, unabhängige Menschen würden zu einer besseren und gesünderen Gesellschaft führen. Darüber hinaus behauptete Freud, den Fromm in seinem Werk heranzieht, dass durch die Verminderung der sexuellen Verdrängung parallel dazu auch Neurosen und alle anderen Arten der psychischen Krankheiten zurückgehen würden. Vergleichen wir mit der Situation des 19. Jahrhunderts, lässt sich objektiv betrachtet feststellen, dass viel wünschenswertes, was zu einer gesünderen Gesellschaft beiträgt, heute erreicht wurde. Mit der Sexualität wird frei umgegangen. Es gibt auf diesem Gebiet fast keine Tabus mehr. Die Ausbeutung und die Abhängigkeit vom Kapitalisten ist bei weitem nicht mehr so ausgeprägt. Trotzdem lässt sich bei genauerer Betrachtung immer wieder feststellen, dass die heutige Gesellschaft seelisch kränker ist, als die damalige. Adlai Stevenson sagte in einer Ansprache der Colombia University 1954: „Wir sind nicht mehr in Gefahr, zu Sklaven zu werden, sondern zu Robotern.“[49] Heutzutage fehlen

---

48 Ebd., S. 83-84.

49 Ebd., S. 92.

eigene Überzeugungen. Es gibt keine Autoritäten mehr, an die man sich halten kann und das Selbstgefühl schwächt immer mehr ab.[50]

2.3.3 Veränderungen im 20. Jahrhundert

Die größten Unterschiede zwischen dem Kapitalismus des 19. Jahrhunderts und des 20. Jahrhunderts sind die raschen Fortschritte in der Technik und Industrie.[51]

Der Mensch als Arbeiter ist zunehmend von Maschinen ersetzt worden. Die Mittelschicht bricht immer mehr weg. Ein deutlicher Trend zu einer Zwei-Klassen-Gesellschaft ist zu erkennen.

Der moderne Kapitalismus ist durch den Massenkonsum geprägt. Einerseits ist dies natürlich eine Folge des gesellschaftlichen und wirtschaftlichen Aufstiegs der Arbeiterklasse. Andererseits üben Medien und Werbung auf uns ein und wollen uns suggerieren, dass wir konsumieren sollen. Somit wird psychologischer Druck auf uns ausgeübt. Während man im 19. Jahrhundert sich erst Dinge leistete, für die man das Geld angespart hatte, ist heute oft zu Beobachten, dass schon gekauft wird, obwohl das Geld noch nicht vorhanden ist.[52]

Wozu dies führt, zeigt uns gegenwärtig die Weltwirtschaftskrise. Ganze Finanzsysteme brechen ein. Ein Unternehmen nach dem anderem geht zugrunde. Riesige Schutzschirme seitens der Regierungen müssen aufgespannt werden. Die Folgen sind unter anderem zunehmende Arbeitslosigkeit und hohe Staatsverschuldungen.

---

50 Ebd., S. 90–92.

51 Ebd., S. 93.

52 Ebd., S. 96–97.

Exkurs: Veränderung der Werte

Wertewandel im Rückblick

Delphi-Studie Future Values

Entwicklungen im Bereich der Werte 1950 - 2000

50er	60er	68	70er	80er	90er
Vorrang der Wirtschaft	Wirtschafts-wachstum	Protest, Öffentlichkeit	Alternativen zum genormten Leben	Schneller, höher, weiter	Neue Unübersichtlichkeit
• Recht und Ordnung • Leistung und Disziplin • Leben, um zu arbeiten • Pflichtgefühl	• Prosperität • Materieller Wohlstand • Soziale Sicherheit • Aufsteigen • Prestige • Konsumieren		• Unabhängigkeit • Selbstverwirklichung • Alternative Lebenswege • Konsumkritik • Soziale Bewegungen: Frieden, Ökologie, Frauen, Psychoboom	• Hedonismus • Ich-Bezogenheit • Erlebnis-orientierung • Ober-flächlichkeit • Selbst-darstellung	• Individualismus • Beziehung/ Kommunikation • Authentizität • Prosperität/ Leistung • Realismus • Flexibilität
Aufbauen und Erhalten	Haben und Zeigen		Sein und Selbstbestimmung	Genießen und Exponieren	Sein, Haben und Genießen
Traditionelle Werte	**Materielle Werte**		**Postmaterielle Werte**	**Postmoderne Werte**	

Trend zur INDIVIDUALISIERUNG und PLURALISIERUNG [53]

Die Abbildung beschreibt die letzten fünf Jahrzehnte des 20. Jahrhunderts, in Bezug auf deren Werte und wie diese sich gewandelt haben. In der Nachkriegszeit waren vor allem klare Linien und Regeln notwendig um den Wiederaufbau zu gewährleisten. Mit einer guten Wirtschaft und Wohlstand präsentierte sich die deutsche Bevölkerung danach wieder Selbstbewusst und zeigte, was sie hatte. Ab den 70er Jahren entstand ein Schub, die vom Bedürfnis geprägt war, nicht nur zu Haben, sondern auch zu Sein. Die öffentliche Meinung zum Konsum war eher kritisch. Mit den Hedonismus-Prinzipien in den 80er Jahren kam es folglich zum Individualismus, der Konsum und Eigeninszenierung noch ausweitete.

53 Barz, H. u.a.: Neue Werte - Neue Wünsche: Future values: wie sich Konsummotive auf Produktentwicklung und Marketing auswirken. Düsseldorf, Berlin: Metropolitan, 2001, S. 79.

2.4 *Kranke Gesellschaft nach Winterhoff*

2.4.1 Der Begriff Tyrann

Verwendet Winterhoff den Begriff Tyrann, so darf das nicht missverstanden werden. Tyrann meint keine „...bewusst handelnde, grausame Diktatoren, die zielgerichtet das Leben anderer Menschen beeinflussen,"[54] sondern ist angelehnt an der ursprünglichen griechischen Bedeutung von tyrannos. Tyrannos wurde als Begriff verwendet, „... um - im politischen Sinne - legitime von illegitimer Macht zu unterscheiden."[55] Auf Kinder übertragen bedeutet dies nichts anderes als die Machtumkehr zwischen Eltern und Kindern.[56]

2.4.2 Vom „System Familie" zum „System Gesellschaft"

Bei Menschen ist das Abhängigkeitsverhältnis der Kinder zu den Eltern weitaus ausgeprägter als bei Tieren. Menschliche Säuglinge sind sehr lange auf die Hilfe von ihren Eltern angewiesen. Auf diese Tatsache stützt sich die These des „Systems Familie", die besagt, dass das Kind in dieses System eingebunden ist. Verhalten sowie Störungen der Kinder sind immer im Zusammenhang mit der Einbindung und der unterschiedlichen Wechselwirkungen in der Familie zu sehen. Winterhoff schreibt, dass in der Praxis die Störungen der Kinder - zumeist handelt es sich um neurotische - einst im Zusammenhang mit dem pathologischen Befund der Eltern lagen. Heute ist dieses „System Familie" aber nicht mehr der ausschlaggebende Grund für Störungen der Kinder. Eine einfache Beobachtung des Kinderpsychiaters Winterhoff belegt dies. Während es vor 15 bis 20 Jahren noch zwei bis vier auffällige Kinder pro Schulklasse gab, ist dieses Verhältnis mittlerweile umgekehrt mit zwei bis vier unauffälligen Schülern je Klasse. Dabei sind die Eltern in der Regel psychisch gesund. Die Analyse der Störungen mit Hilfe des „Systems Familie" wäre daher unsinnig und erfolglos. Was zur Annahme führt, dass die Ursachen in der Gesellschaft liegen müssen. Die Betrachtungsweise geht nunmehr in eine soziologische Richtung, also hin zu einer Analyse des „Systems Gesellschaft". Winterhoff erklärt das Grundproblem der heutigen Gesellschaft anhand einer Metapher: „Wir befinden uns heute auf einem selbst generierten Crash-Test. Mit höchster Geschwindigkeit und ohne sich vorher erkundigt zu haben, wo die Bremse sitzt und wie man das Steuer noch rechtzeitig herumreißen

---

54 Winterhoff, M.: Tyrannen müssen nicht sein. Warum Erziehung allein nicht reicht - Auswege. Gütersloh: Gütersloher Verlagshaus, 2009, S. 9.

55 Ebd.

56 Ebd.

könnte, rast der Rennwagen, der sich moderne Gesellschaft nennt, auf eine Mauer zu und vertraut darauf, dass dieser Höllenritt schon irgendwie gut gehen möge. Seine derzeitige rasante Geschwindigkeit aufgenommen hat dieser Rennwagen vor sechzig Jahren."[57] Vor rund sechzig Jahren also, dem Ende des NS-Staates.[58]

2.4.3 Die Entwicklung seit der Stunde Null

Seit dem zweiten Weltkrieg hat unsere Gesellschaft mit keinen größeren Katastrophen oder Problemen mehr zu kämpfen. Das Ende des NS-Regimes wird auch oft als die Stunde Null bezeichnet. Mit dem Wirtschaftswunder und den ausbleibenden Katastrophen hat sich unsere heutige moderne Gesellschaft entwickelt. Die technische Entwicklung ist immens und von wahnsinniger Geschwindigkeit gekennzeichnet, sodass Fortschritt eher zum Hinfortschreiten wird. Dieser ständige Zwang, mit dem Wissen rund um die technische Errungenschaft Schritt zu halten, führt zu einer Überforderung. Aktuell ist der maximale Wohlstand seit längerer Zeit schon erreicht. Als Selbstverständlich wird die Abwesenheit der Gefahren von Krieg, Hunger, Armut oder anderen existenzbedrohenden Dingen angesehen. Der Mensch ist bei seinen Grundbedürfnissen mehr als gesättigt. Die Wünsche der Gesellschaftsmitglieder zielen nicht mehr auf existentielle Grundbedürfnisse oder höhere Entwicklungsstufen der Gesellschaft, sondern eher auf individuelle Dinge, wie mehr Geld, mehr Freizeit oder mehr Selbstverwirklichung.[59]

Die Technikfortschritte erzeugen Ängste und Verunsicherungen bei den Menschen. Es ist nahezu unmöglich mit dem Tempo der immer neuen Errungenschaften mitzuhalten. Nur noch wenige überblicken das Chaos der innovativen und übermäßig vielen Erfindungen. Der Mensch versucht aber immer dieser Lage Herr zu werden. Die Situation ist mit einem Hamsterrad zu vergleichen. Der Fortschritt ist einfach viel zu schnell, als dass der Mensch mit seinen Lernanstrengungen Schritt halten kann. So müht er sich ab, kommt jedoch nicht von der Stelle.[60]

---

57 Winterhoff, M.: Warum unsere Kinder Tyrannen werden. Oder: Die Abschaffung der Kindheit. 11. Aufl. Gütersloh: Gütersloher Verlagshaus, 2008, S. 171.

58 Ebd., S. 169–171.

59 Ebd., S. 171–173.

60 Ebd., S. 177–178.

2.4.4 Anteil der Medien

Die Medien haben großen Anteil daran, dass unsere Kinder und unsere Gesellschaft als krank zu bezeichnen sind. Durch dauernde Negativmeldungen wird das Krankhafte zum Normalzustand. Die Menschen werden immer mehr verunsichert und negativ beeinflusst: „Wer heute einen sonnigen und warmen Frühlingstag etwa Ende April erlebt, kann sich kaum mehr uneingeschränkt daran erfreuen, dass die Natur aus dem Winterschlaf erwacht, die Vögel sich wieder lautstark bemerkbar machen und die ersten Büsche und Bäume voller bunter Blüten sind, die für ein prächtiges Farbenmeer sorgen. Nein, einer der ersten Gedanken, gerade, wenn auf diesen Tag weitere ähnlich warme folgen, wird dem Klimawandel gelten. Schreckensbilder von Trockenheit und Dürre auf der einen sowie Wirbelstürmen und Sturmfluten auf der anderen Seite brechen, befeuert vom medialen Getöse rund ums Thema, ins Bewusstsein und schmälern bzw. tilgen die Sinnenfreude ob des Frühlingserwachens."[61] Die Informationsflut und die Flut an Negativnachrichten führen zur Überforderung. Logischerweise sind die Anzeichen des Klimawandels nicht zu missachten, aber das ist ein anderes Thema.[62]

2.4.5 Die Erziehungsformen

Für Kinder ist die psychische Entwicklung sehr wichtig. Die Kleinen müssen einfach Kind sein können und „...in der untergeordneten Rolle ... lernen und in der Adoleszenzphase langsam ans Erwachsenwerden herangeführt ... werden."[63] Während früher mit traditioneller Denkweise und klaren Spielregeln erzogen wurde, ist die moderne Erziehung geprägt vom partnerschaftlichen Denken und Handeln. Kinder brauchen aber vor allem in jungen Jahren Führung und klare Linien. Erst mit der Zeit sollte eine gesunde, sinnvolle Mischform der traditionellen und modernen Erziehungsansätze eingesetzt werden. Währenddessen werden Kinder durch die moderne Form überfordert und fehlgeleitet. Das Ergebnis ist dann spätestens im Ausbildungsbereich zu sehen, in der die Jugendlichen eine schlecht ausgeprägte oder fehlende Arbeitshaltung haben. Biergarten und Freibad haben Priorität vor Werkstatt und Büro.[64]

---

61 Ebd., S. 173.

62 Ebd., S. 173–174.

63 Ebd., S. 174.

64 Ebd., S. 174–177.

2.4.6 Beziehungsstörungen

Grundsätzlich beschreibt Winterhoff drei Arten von Beziehungsstörungen. Die Partnerschaftlichkeit, die Projektion und die Symbiose.

Partnerschaftlichkeit

Die Eltern sehen im Kind einen gleichberechtigten Partner. In einem Freundschaftsverhältnis lautet die Devise der Erziehung: erklären und verstehen. Der Wunsch nach Harmonie in der Familie führt zum Verlust von innerfamiliären Hierarchien. Das Kind wird schlichtweg überfordert. Psychische Funktionen wie Frustrationstoleranz, Gewissen, Arbeitshaltung und Teamfähigkeit können nicht ausreichend entwickelt werden.[65]

Projektion

Der Erwachsene ist in seiner Welt überfordert und sehnt sich nach Liebe und Zuneigung. Die technische Entwicklung, die sozialen Einflüsse sowie die große Informationsflut überfordern den Erwachsenen oftmals. Die Reaktionen darauf sind Hilferufe nach Anerkennung und Liebe. Diese Hilferufe sind dann an die Kinder gerichtet. Eltern projizieren ihre Wünsche auf ihren Nachwuchs und machen sich somit abhängig von ihm. Dadurch fehlt den Erwachsenen die Kompetenz, dem Kind Strukturen vorzugeben. Die Eltern haben Angst, dass das Kind ihm die Zuneigung verwehrt. Das führt zu einer Machtumkehr. Kinder wachsen mit der Erfahrung auf, über den Erwachsenen zu stehen und diese steuern zu können.[66]

Symbiose

„In der Symbiose verschmilzt die Psyche eines Elternteiles mit der des Kindes … Die beim Elternteil fehlenden Anteile wie Glücklich- oder Zufriedensein werden unbewusst aus der Psyche des Kindes entnommen und in die eigene Psyche integriert. Aus diesem Grund ist dann das Glück des Kindes plötzlich das des Elternteiles. Dieser fühlt für das Kind, er denkt für das Kind und geht beispielsweise auch für das Kind in die Schule."[67] All dies führt zu einer Blindheit der Eltern. Offensichtliches Fehlverhalten wird übersehen und Aufträge an die Kinder selbstverständlich mehrmals gegeben, und zwar solange bis das Kind irgendwann den Auftrag erfüllt. Wird von Außenstehenden das Fehlverhalten der Kinder kritisiert, reagieren die Eltern mit Ausflüchten. Entweder

---

65 Winterhoff, Tyrannen müssen nicht sein, a.a.O., S. 16–17.

66 Ebd., S. 17–18.

67 Ebd., S. 18.

andere - wie etwa Mitschüler oder Lehrer - sind schuld oder das Kind bekommt - zum Beispiel in der Schule - zu wenig Aufmerksamkeit und Zuwendung. „Aussagen (= Impulse) des Kindes stimmen immer, sie werden nicht mehr hinterfragt. Genauso wie man es nicht in Frage stellt, wenn ein Körperteil einen Schmerzimpuls gibt, wenn wir uns stoßen (der Schmerzensschrei ist nicht bewusst von mir gesteuert), genauso werden auch Angaben des Kindes nicht mehr auf Wahrheitsgehalt überprüft."[68] Folge daraus ist oft, dass Eltern sich bedingungslos für ihre Kinder einsetzen. Sie gehen aufgrund von Äußerungen der Zöglinge vehement gegen Lehrer, Erzieher und andere Elternteile vor, ohne sich kritisch mit der Situation auseinanderzusetzen. In der Symbiose kommt es oft dazu, dass Kinder die Aufforderung ihrer Erziehungsberechtigten verweigern. Die Eltern überlegen, wie sie es erreichen können, dass das Kind sein Verhalten ändert und gehen stets Machtkämpfe ein, die sie nicht gewinnen können. Dem Kind wird sich emotional sehr stark zugewandt und die Erziehungsberechtigten machen sich durch Drohungen und Bestrafungen unglaubwürdig und lächerlich. „Für das Kind ist die Folge eine komplette Unmöglichkeit psychischer Reifeentwicklung. Es verharrt in der frühkindlich-narzisstischen Phase, sein Weltbild ist so geprägt, dass es nicht zwischen Menschen und Gegenständen unterscheiden kann."[69] Bei der Symbiose handelt es sich um die schlimmste der drei Beziehungsstörungen.[70]

2.4.7 Der Begriff Kind - verschiedene Konzepte

Laut Winterhoff gibt es mehrere Vorstellungen beim Begriff „Kind" in unserer Gesellschaft. Diese unterschiedlichen Vorstellungen tituliert er als „Konzepte". Aus diesen verschiedenen Kinderkonzepten können die Beziehungsstörungen der Partnerschaftlichkeit, Projektion und Symbiose entstehen. Wann und in welchem Ausmaß beschreibt der Autor in den einzelnen Konzepten genauer.[71]

Das Konzept „Kind als Kind"

Dieses Konzept ist geprägt von ihrem Machtgefälle. Es gibt klare Strukturen, in denen die Erwachsenen die Richtung vorgeben. Größter Vorteil hierbei ist, dass beide Teile - sowohl Eltern als auch Kinder - von diesem Machtverhältnis profitieren. Kinder können dadurch reifen und bekommen Sicherheit. Eltern haben das Gefühl, dass sich jemand auf sie ver-

68 Ebd., S. 19.

69 Ebd., S. 19–20.

70 Ebd., S. 18–20.

71 Ebd., S. 45.

lässt. Das Konzept wird vom Erwachsenen unbewusst befolgt. Bewusst ist er sich jedoch, dass er ein reifes Individuum ist und einem unreifen Kind gegenübersteht: „Der Erwachsene hat in der Beziehung zu Kindern die Pflicht, eine unsichtbare Trennungslinie zwischen sich und dem Kind zu gewährleisten.“[72] Der Mann oder die Frau muss sich als eigenständiges Individuum sehen. Winterhoff schreibt, dass aus seiner Erfahrung als Kinderpsychiater diese Einstellung vor zwanzig Jahren noch selbstverständlich war. Partnerschaftlichkeit, Projektion und Symbiose sind moderne Phänomene. Der Autor fordert eine Rückkehr. Eltern sollen sich wieder abgegrenzt von ihren Kindern sehen. Eine Rückkehr, jedoch zu intuitiven und nicht autoritären Erziehungsmethoden.[73]

Wenn ein Kind als Kind gesehen wird, müssen Eingeständnisse gemacht werden. Es muss zum Beispiel eingestanden werden, dass:

„

- es sich nicht mit Erwachsenendingen bzw. -problemen befassen muss, die es überfordern würden (z.B. Konsum von nicht altersgerechten Medien/Filmen, Verwicklung in Beziehungsprobleme oder finanzielle Sorgen der Eltern),
- es sich jederzeit sicher sein kann, dass Erwachsene, insbesondere die Eltern, ihm Schutz vor äußeren Einflüssen gewähren, etwa im Straßenverkehr oder ähnlichen Situationen,
- es nicht in die Rolle versetzt wird, für den Erwachsenen verantwortlich sein zu müssen,
- es kinderspezifische Freiheiten hat, ohne ‚alles zu dürfen‘,
- es sich geliebt fühlen darf, ohne dass daran Bedingungen geknüpft sind, wie sie aus anderen ‚Kind-Konzepten‘ resultieren,
- vieles eingeübt werden muss, um später von allein gekonnt zu werden,
- es die Erfahrungen machen darf, den Erwachsenen zu brauchen, anstatt ständig das Gefühl vermittelt zu bekommen, bereits alles alleine stemmen zu müssen.“[74]

Hierbei sollte es sich ausschließlich um Selbstverständlichkeiten handeln. Außerdem könnte die Liste noch viel weiter geführt werden. Wer dem Konzept „Kind als Kind“ folgt, der muss die Fähigkeiten besitzen, mit dem Stress und Anforderungen des modernen Lebens umgehen zu

72 Ebd., S. 47.

73 Ebd., S. 45–50.

74 Ebd., S. 51.

können. Die Unabhängigkeit des Individuums muss gesichert werden, damit es nicht zu Kompensationsstrategien über das Kind kommt. Der Erwachsene braucht Ventile - Sport ist hier zum Beispiel eine Möglichkeit - um Stresssituationen zu bewältigen.[75]

Das Konzept „Kind als Partner"

„Im Konzept ‚Kind als Partner' wird aus einem scheinbar aufgeklärten Bewusstsein heraus das Kind neu definiert: Aus dem schützenswerten Kind wird ein gleichberechtigter Partner. ‚Kind als Partner' heißt also: Es herrscht die Vorstellung, man könne Kinder über Erklären und Verstehen erziehen."[76] Dieses Konzept ist aus dem modernen Denken entstanden, das die Hierarchien auflöst. Dabei kommt es zu einer Überforderung des Kindes, das seine psychischen Funktionen infolgedessen nicht genügend ausbilden kann. Die Kinder werden als besonders selbstständig angesehen. Jedoch ist der zutreffendere Begriff eher selbstbestimmend. Treffen diese Kinder auf Situationen, in denen das soziale Umfeld durch Fremdbestimmung auf sie einwirken will, kommt es zur Konfrontation. Einfachste Anweisungen des Lehrers werden nicht mehr befolgt. Wie kam es zu dieser Partnerschafts-Ideologie? In den 60er und 70er Jahren kam es zu einem gesellschaftlichen Wandel, in dem Erklären und Verstehen in der Kommunikation (auch mit Kindern) zur Maxime wurde. So weit so gut. Es war ohne Frage ein Fortschritt in der Kommunikation im Allgemeinen. Nicht jedoch wenn es die Kinderwelt tangiert. Die Trennung zwischen Kinder- und Erwachsenenwelt wurde aufgebrochen. Schon bei Fünfjährigen wird heute versucht, über Erklären und Verstehen Dinge beizubringen, anstatt klare Maßstäbe und Marschrouten vorzugeben. Was falsch läuft beim Partnerschaftsmodell und wie die Eltern auf Kritik reagieren zeigt ein konkretes Beispiel von Winterhoff.[77]

---

75 Ebd., S. 51–52.

76 Ebd., S. 52.

77 Ebd., S. 52–56.

Beispiel aus der Praxis

„Eine Kindergartenszene in einer deutschen Stadt mittlerer Größe, morgens um 8.00 Uhr, die meisten Kinder werden zu dieser Zeit von ihren Eltern gebracht. Sarah, dreieinhalb Jahre alt, kommt gemeinsam mit ihrer Mutter die Treppe zum Kindergarten herunter, allerdings stolpert sie die Stufen mehr hinab, als dass sie geht. Der Grund für die halsbrecherische Aktion ist relativ offensichtlich: Das Kind trägt instabile Schuhe, mit denen ein normaler Gang schon auf ebenem Untergrund schwierig ist. Auf einer Treppe ist eine Dreijährige damit definitiv überfordert.

Die Kindergartenleiterin macht die Mutter darauf aufmerksam und fragt sie, warum das Kind ausgerechnet solche Schuhe trage. Sie verweist auf die Gefahr, dass Sarah sich auf diese Art und Weise auch verletzen könne. Antwort der sichtlich nervlich angeschlagenen Mutter: Es sei schließlich nicht ihre Entscheidung gewesen, diese Schuhe zu kaufen, Sarah habe beim Einkauf darauf bestanden und sich auch von besten Gegenargumenten nicht überzeugen lassen. Daraufhin habe sie die Schuhe eben gekauft. Auf den Hinweis der Gefährdung des Kindes durch die unangemessenen Treter sagt sie wortwörtlich: ‚Ich kann mich bei meiner Tochter halt nicht durchsetzen, sie ist ja so eine tolle, starke Persönlichkeit!'"[78]

Natürlich handelt es sich hier um eine ganz bestimmte, individuelle Situation. Doch immer wieder betont Winterhoff in seinem Buch, dass solche Beispiele lange keine Einzelfälle mehr sind, sondern signifikant oft auftreten.

Am Beispiel von Sarah lässt sich gut erkennen, wie tief die Mutter schon in der Projektion steckt. Die Erwachsene hat Angst nicht mehr vom Kind geliebt zu werden, wenn sie ihm widerspricht. Logisch sollte vorausgesetzt werden, dass eine dreijährige nicht objektiv einen Schuhkauf bewerten kann, sondern nur aus dem Moment heraus handelt. Im Konzept „Kind als Partner" bekommen Erwachsenen aber oft schon Gewissensbisse bei eigentlichen selbstverständlichen Situationen des Alltags, in denen die Eltern die Verantwortung übernehmen müssten. Wie beim Beispiel vom Schuhkauf.[79]

Weiteres Problem bei diesem Konzept ist, dass Kinder nicht nur gleichberechtigt, sondern genauso gleichverpflichtet sind. Das Glück der Kindheit liegt eigentlich darin, dass das Problembewusstsein noch fehlt. Dadurch können Kinder unbeschwert durchs Leben gehen. Den Jüngs-

---

[78] Ebd., S. 56.

[79] Ebd., S. 56–60.

ten werden die Probleme der Erwachsenenwelt auf die schmalen Schultern gelastet, weil sie als vollwertige Partner angesehen werden.[80]

Das Partnerschaftskonzept ist ein bewusst gelebtes und kein intuitives. Das Bauchgefühl wird ausgebremst und starre Richtlinien werden als Maßstab der Erziehung verwendet. „Nicht das einzelne Individuum ist Maßstab eines allgemeinen Handelns, sondern eine auf eine spezielle Zielgruppe (Erwachsene) ausgerichtete allgemeine Richtlinie wird auf eine ganz anders strukturierte Zielgruppe (Kinder) übertragen, die für diesen Maßstab überhaupt nicht passend ist."[81] Nun ist dieses Konzept nicht nur in der Familie vorzufinden, sondern auch an vielen öffentlichen Institutionen. Schulen, Kindergärten und Jugendämter handeln nach dessen Prinzipien. Sogar an Förderschulen werden solche Konzepte übernommen, obwohl die unreifen Kinder dieser Schule klare Strukturen mehr als andere Kinder nötig hätten. Der Fairness halber gegenüber dem Autor muss noch erwähnt werden, dass dieser das Prinzip der Partnerschaftlichkeit keineswegs ablehnt. Nur muss das Kind oder der Jugendliche, in seiner psychischen Entwicklung reif genug sein. Sprich: Der Partner muss alt genug sein um auch als Partner behandelt werden zu können. Bei pubertierenden Kindern kann dies schon der Fall sein und natürlich bei älteren Jugendlichen. Es ist immer ein Unterschied, ob man einen Fünfjährigen oder einen Fünfzehnjährigen vor sich hat, was hingegen das Partnerschaftskonzept missachtet.[82]

Das Konzept „Ich will vom Kind geliebt werden"

„Wie beim Partnerschaftskonzept haben wir es auch hier mit einer direkten Kompensation des Erwachsenen zu tun, für die das Kind als ‚Objekt' herhalten muss."[83] In unserer schnelllebigen Zeit finden immer weniger zwischenmenschliche Beziehungen statt. Normalerweise erhalten Menschen aus ihrem Umfeld Anerkennung. Also von Freunden, Kollegen, Eltern und so weiter. Dadurch, dass in unserer Gesellschaft akuter Zeitmangel herrscht, muss die natürliche Form der Anerkennung immer mehr durch Kompensationsmechanismen ersetzt werden. In solchen Situationen kommt es dazu, dass Eltern mehr Liebe und Zuneigung von ihren Kindern abverlangen. Diese bekommen alle Wünsche erfüllt. Der Nachwuchs wird als Objekt gesehen und das führt zu massiven Problemen. „Wenn über das ohnehin vorhandene Maß an Elternliebe jedoch immer wieder unbewusst aktiv Liebe vom Kind eingefordert wird, gera-

80 Ebd., S. 61–62.

81 Ebd., S. 62–63.

82 Ebd., S. 62–65.

83 Ebd., S. 65.

ten bei diesem die inneren Maßstäbe durcheinander, es bekommt kein Gefühl mehr dafür vermittelt, wann dem eigenen Wollen natürliche Grenzen gesetzt sind."[84] Eine solche Grenzenlosigkeit - wie es Kinder in diesem Konzept erfahren - führt zu einer Stagnation der psychischen Reifeentwicklung in der frühkindlichen Allmachtsphase. Zu erheblichen Problemsituationen kommt es spätestens dann, wenn andere Mitmenschen Forderungen an das Kind haben oder umgekehrt Forderungen des Kindes nicht nachgekommen wird. „Das Konzept des ‚Geliebt-werden-wollens' bringt den Erwachsenen in Abhängigkeit vom Kind. Es entsteht dabei die irrationale Angst, das Kind könne ein ablehnendes Verhalten seitens des Erwachsenen gar dauerhaft missbilligen und gegebenenfalls mit Liebesentzug reagieren. Also muss buchstäblich alles dafür getan werden, um den Nachwuchs bei Laune zu halten."[85] Die Folgen aus diesem Konzept sind meist schwer auf den ersten Blick zu erkennen. Anfangs geht das Konzept auf, indem Eltern ihre Defizite kompensieren können und die Kinder verwöhnt werden. Diese Machtumkehr hat aber langfristig zur Folge, dass Kinder im späteren Alter Probleme bekommen, da sie nie die Möglichkeit hatten Verantwortung zu übernehmen und sich zu entwickeln. Darüber hinaus fallen die Erziehungsfehler einmal auf die Eltern zurück, wenn die Kinder nicht mehr so jung sind und die Erwachsenen dann nur noch an der Nase herumführen.[86]

Das Konzept „Das Kind ist Teil meiner selbst"

In diesem Konzept wird das Kind nicht mehr als eigene Person gesehen. Der Erwachsene lebt das Kind! Alle Handlungen des Kindes werden als eigene Handlungen psychisch verarbeitet. Bildlich gesprochen wird das Kind als ein Körperteil des Erwachsenen gesehen. Die Gründe bei dieser Beziehungsstörung liegen vor allem in der Gesellschaft selbst. Es kommt zu einer Überforderung des erwachsenen Menschen. Lösungsstrategien sind in erster Linie in der Entschleunigung innerhalb der Gesellschaft zu suchen. Dieses Konzept äußert sich im Besonderen darin, dass Eltern „immer nur das Beste" für ihre Sprösslinge wollen. Eltern wollen, dass ihr Zögling dies oder jenes tut. Beim lesen, schreiben, hören oder auf anderen Gebieten sollen die Heranwachsenden vorankommen und werden andauernd unter Druck gesetzt. Dabei fordern die Erwachsenen ganz unkonkret und nicht zukunftsgerichtet Erfolge. Auf individuelle Entwicklungen und Interessen wird nicht eingegangen. Indem das Kind als eigener Teil angesehen wird, sind Eltern fest der Überzeugung, es steuern zu können, wie sie es gerade wollen. Anfangs gibt es scheinbar

---

84 Ebd., S. 67.

85 Ebd., S. 68.

86 Ebd., S. 65–69.

keine Probleme, da das Kind mit seinem Verhalten nicht genug wahrgenommen wird. Steigt der Leidensdruck des Kindes, so wehrt es sich, bis hin zur Totalverweigerung der Anordnungen. Die berühmten „wenn-dann-Sätze" als Drohungen und Bestrafungen, völlig unwillkürlicher Art, sind die Folge. Die Verweigerungshaltung des Kindes wird noch gefördert, indem die Eltern mit einreden und schimpfen, darauf reagieren. Der Sprössling steht im Mittelpunkt und bekommt Aufmerksamkeit. „Es ist für die kindliche Psyche zunächst einmal nicht entscheidend, ob Zuwendung in positiv liebevoller Weise geschieht oder als negativ aufgeladener Druck."[87] Der ständige Druck, der auf den Kindern lastet, führt auch zu Trotzreaktionen: Weil die Eltern ständig auf ihren Nachwuchs einwirken und einreden, stellt sich dieser quer und reagiert mit Trotz. Da das Kind von den Erwachsenen als Teil ihrer selbst empfunden wird, bekommen diese bald das Gefühl, dass ihr Sohn oder ihre Tochter nicht funktioniert und diese bekommen wiederum das Gefühl, die Eltern vollkommen regieren zu können. Alles was das Kind macht rückt in das Zentrum und dessen ist sich der Nachwuchs auch bewusst.[88]

---

87 Ebd., S. 72.

88 Ebd., S. 69–75.

Konzepte im Überblick

Konzepte	Merkmale	Negative und positive Auswirkungen
Kind als Kind	Klare Rollenverteilung zwischen Eltern und Kind. Kind wird angeleitet und geführt.	Kind bekommt Struktur. Kind kann sich psychisch voll entwickeln. Kind wird geleitet und kindgerecht unterstützt.
Kind als Partner	Prinzip vom Erklären und Verstehen. Kind wird als gleichberechtigter Partner angesehen.	Überforderung des Kindes. Statt Anleitung ist das Kind gleichberechtigt und gleichverpflichtet!
Ich will vom Kind geliebt werden	Alles wird für das Kind getan, damit es Liebe und Zuneigung zeigt.	Symbiose! Projektion! Kind bekommt Probleme mit Mitmenschen.
Das Kind ist Teil meiner selbst	Kind wird nicht mehr als eigenständige Person gesehen. Eltern leben das Kind! Kind ist im Mittelpunkt.	Kind regiert den Erwachsenen.

2.5 Die Risikogesellschaft

Vorausblickend will ich ein paar Sätze zum Buch „Risikogesellschaft" von Ulrich Beck verlieren. Das Werk ist zwar schon 1986 erschienen, gilt aber als Bibel, wenn es um die Thematik Individualisierung geht. Auch wenn das Werk schon über 20 Jahre alt ist, so ist der Inhalt dennoch bis jetzt zeitlos und aktuell geblieben. Fakten und Situationen, die 1986 noch Geltung hatten, aber in der heutigen Zeit an Bedeutung oder Aktualität verloren haben, werden in der Diplomarbeit - sofern behandelt - erläutert und relativiert.

Die Produktion von Reichtum geht einher mit der Produktion von Risiken. Die Balance die unsere Gesellschaft auszugleichen hat, ist jene zwischen der Gewährleistung der weiteren Modernisierungsprozesse und gleichzeitig der Einhaltung, dass die Grenzen des „Zumutbaren" nicht überschritten werden. Im ökologischen, medizinischen, psychologischen und sozialen Bereich gibt es Grenzen, die eingehalten werden müssen. Geschieht dies nicht, führt es zwangsläufig zu einem enormen öffentlichen Druck. Deshalb werden „... im fortgeschrittenen Modernisierungsprozeß [sic] systematisch mitproduzierten Risiken und Gefährdungen verhindert, verharmlost, dramatisiert, kanalisiert."[89] Die Einhaltung der Grenzen geschieht, aufgrund der Verschleierung der Risiken und zudem aus reinen Imagegründen, auf sehr fragwürdige Weise. Der Modernisierungsprozess legitimierte sich mit der Grundlage, der Mangelversorgung entgegenzutreten. Mittlerweile kann von einer Mangelversorgung jedoch nicht mehr die Rede sein. Stattdessen treten an die Stelle des Hungers „... für viele Menschen die ‚Probleme' der ‚dicken Bäuche'."[90] Dieser ganze Modernisierungsprozess geschieht nun also ohne eine legitimierte Grundlage sowie vor dem Hintergrund, dass in den armen, nicht-industrialisierten Ländern eine materielle Knappheit, vor allem an Nahrungsmitteln, herrscht.[91]

Wir leben in einer absolut rücksichtslosen Konsumgesellschaft. In Westeuropa und Nordamerika sind die hochindustriellen Länder zu finden, in denen fast ohne Grenzen und Gewissen konsumiert wird. In den Gebieten Nordamerikas und Westeuropas wird für Eiskrem zehnmal so viel Geld ausgegeben, wie man für die Schutzimpfung aller Kinder dieser Welt benötigen würde.[92]

Es ist doch unvorstellbar krank, dass der Großteil der Bevölkerung leiden und hungern muss - in diesem Fall auf Impfungen verzichten muss - während in den industrialisierten Ländern ohne Grenzen konsumiert wird.

Beck klärt den Begriff Risiko und will, wenn nicht die Wandlung seiner Bedeutung, so jedoch den Unterschied des Begriffes, auf globaler Ebene klären. Er nimmt das Beispiel Christopher Kolumbus und seine Seereisen, die mit Risiken verbunden waren. Risiken in diesem Zusammenhang werden von den meisten natürlich mit den Begriffen Mut und Abenteuer assoziiert. Bei den Risiken des Modernisierungsprozesses

---

89 Beck, U.: Risikogesellschaft. Auf dem Weg in eine andere Moderne. Frankfurt am Main: Suhrkamp Verlag, 2003, S. 26.

90 Ebd., S. 27.

91 Ebd., S. 25–27.

92 Gräßler Bernd (2004): Was und wieviel braucht der Mensch? In: www.dw-world.de (Über die Suchfunktion nach den Titel suchen; aber in der Suchmaske nicht nach Überschrift sondern nach Volltext suchen, sonst kommt kein Suchergebnis) Zugriff am 30.09.2008.

jedoch handelt es sich nicht um individuelle - wie bei Kolumbus - sondern kollektive Gefahren. Die Abholzung der Wälder oder die Lagerung von Atommüll bringt Risiken für alle Menschen. Sowohl die Politik, die Ökonomie, als auch die Bevölkerung ist Gefährdungen und Folgen ausgesetzt. Zu all dem kommt noch die Tatsache hinzu, dass viele Probleme einfach nicht sichtbar sind und deshalb auch wenig thematisiert und verharmlost werden. „Der Kot sammelt sich überall, in den Alleen, am Fuß der Schlagbäume, in den Droschken ... Die Fassaden der Pariser Häuser sind vom Urin zersetzt ... Die gesellschaftlich organisierte Verstopfung droht ganz Paris in den Prozeß [sic] der fauligen Auflösung hineinzuziehen."[93] Auch Beck hat dieses Zitat in seinem Werk verwendet, und ich tue es auch, da ich es für passend halte. Die Aussage zeigt, wie bewusst die Probleme den Menschen einst direkt vor der Nase herumtanzten. Sie waren „sehbar" und „riechbar", während die heutigen Fassaden glänzen und keine Spuren von Problemen aufzeigen, obwohl auf fast allen Ebenen, sei es der politischen, der ökologischen, sozialen oder auch anderen, Einbrüche drohen.[94]

Bei den Risiken und Gefahren ging Ulrich Beck auf Probleme in vielen verschiedenen Bereichen ein. Ein großes Thema in seinem Werk war die Problematik der Radioaktivität und den atomaren Anlagen. Dies ist damit zu erklären, dass das Buch 1986, also im Jahr von Tschernobyl erstmals publiziert wurde. Mittlerweile haben wir ja eine positive Entwicklung, wenn man die Anstrengungen um die regenerativen Energien betrachtet sowie das Herunterfahren von immer mehr Kernkraftwerken. Die Lage ist zwar immer noch nicht gefahrlos, jedoch ist ein deutlich positiver Trend erkennbar und auch vorweisbare gute Veränderungen auf diesem Feld sind zu verzeichnen. Deshalb haben sich diese Risiken reduziert, nicht jedoch relativiert. In meiner Betrachtungsweise bleibt die Problematik der Radioaktivität außen vor.

Unsere Gesellschaft läuft Gefahr eine Gesellschaft von Einzelwesen zu werden, in der der Begriff Gemeinschaft seine Bedeutung verliert. Das Stichwort hierzu lautet Individualisierung.

2.5.1 Individualisierung

„Die für die aktuelle wie die künftige Werteentwicklung prägenden gesellschaftlichen Prozesse sind bekannt: Globalisierung, technologischer Wandel bzw. Digitalisierung, Transformation zur Wissensökonomie, Wandel der Arbeitswelt, die demografische Entwicklung, Bedeu-

---

93 Corbin, A.: Pesthauch und Blütenduft. Eine Geschichte des Geruchs. Berlin: Wagenbach, 1984, S. 44ff.

94 Beck, Risikogesellschaft, a.a.O. S. 28–29.

tungszuwachs der Ästhetik und schließlich als echter Longseller unter den Megatrends die Individualisierung."[95]

Bei der Individualisierung lassen sich drei Dimensionen unterscheiden.

Die drei Dimensionen

- ***Freisetzungsdimension***
- ***Entzauberungsdimension***
- ***Kontroll- und Reintegrationsdimension***

Es gibt drei Dimensionen. Die Freisetzungsdimension, die Entzauberungsdimension und die Kontroll- und Reintegrationsdimension. Erstere bezeichnet die „... Herauslösung aus historisch vorgegebenen Sozialformen- und bindungen im Sinne traditionaler Herrschafts- und Versorgungszusammenhänge."[96] Vereinfacht gesagt heißt dies, dass nicht mehr die Familie oder die Schichtzugehörigkeit jemanden einen Weg vorzeichnet. Vielmehr ist dem Individuum der Stift zum zeichnen selbst in die Hand gegeben worden. Man kann sich aber dadurch auch nicht mehr auf traditionelle Werte, wie zum Beispiel die Versorgungsehe, verlassen. Jeder kann nicht nur sein Schicksal selbst in die Hand nehmen, sondern muss es mittlerweile auch, was natürlich auch Risiken birgt. Klasse und Familie treten in den Hintergrund. Unter der Entzauberung versteht man den „... Verlust von traditionalen Sicherheiten im Hinblick auf Handlungswissen, Glauben und leitende Normen."[97] Religion, Gesetz oder andere Wegweiser, die eine Richtung vorgaben, wie sie früher fast überall vorfindbar waren, brechen weg. Alle Menschen müssen damit klar kommen, dass sie ihren Weg, den sie gehen wollen, selbst bestimmen müssen. Die Entzauberungsdimension lässt sich gut mit dem Wechsel der Autoritäten (siehe gleichnamigen Gliederungspunkt) konkretisieren. Der Mensch sieht sich keinen starken Persönlichkeiten oder Institutionen mehr gegenüber, die klare Richtlinien vorgeben, sondern müssen vielen Anforderungen der Gesellschaft gerecht werden, die oft sehr widersprüchlich sind. Aus diesen Voraussetzungen ergibt sich „... eine neue Art der sozialen Einbindung."[98] Was die dritte Dimension meint.[99]

---

95 Barz, Neue Werte - Neue Wünsche, a.a.O., S. 46.

96 Beck, Risikogesellschaft, a.a.O., S. 206.

97 Ebd.

98 Ebd.

99 Ebd., S. 206-207.

Gründe für die Individualisierung

Beck behandelt den Begriff Individualisierung aus sozialogischer und gesellschaftshistorischer Sicht. Die Analyse der Individualisierung bezieht sich auf die objektiven Lebenslagen der Menschen. Er beschreibt, wie sich Lebenslagen und Biographien verändern und was mit dem Menschen geschieht. Ausgeklammert werden die subjektiven Aspekte der Individualisierung. Also wie Menschen mit den Wandlungen in Bezug auf ihr Verhalten und Bewusstsein umgehen.[100]

Vereinfacht lässt sich also sagen, dass Beck die Individualisierung aus der Vogelperspektive betrachtet und analysiert, während er die Froschperspektive außen vor lässt.

Der Autor schreibt, dass Klassenunterschiede und Familienzugehörigkeit trotz der Individualisierung nicht einfach außer Kraft treten. Vielmehr treten diese Aspekte einfach in den Hintergrund. Das Individuum ist - anders als man meinen könnte - abhängig und eingebettet in den Institutionen. Anstelle von Klasse, Stand und Familie, die bisher die Biographie des Menschen prägten, tritt das „institutionelle Lebenslaufmuster."[101] Das heißt, dass die Institutionen die Biographien beeinflussen und in bestimmte Richtungen drängen. Das Bildungssystem, die Erwerbsarbeit oder die sozialpolitischen Regelungen sowie die Festsetzung des Rentenalters beeinflussen uns Tag für Tag. Sowohl in der täglichen Zeitplanung, in der Berufs-, Bildungs- und Familienfragen miteinander vereint werden müssen, als auch in den verschiedenen Lebensphasen von der Kindheit bis ins hohen Alter.[102]

Die Individualisierung macht uns vom Markt abhängig. Es kommt zu einer „... Außensteuerung- und standardisierung."[103] Diese betrifft alle Lebenslagen. Wohnungen und Produkte werden in Massen produziert, für jedermann zugänglich gemacht und die Massenmedien manipulieren die eigene Meinung und Einstellung. Politik und Fernsehen machen den Mensch somit zu einer Marionette. Gut verdeutlichen lässt sich dies am Beispiel Fernsehkonsum. Die Flimmerkiste vereinsamt die Menschen und standardisiert gleichzeitig. Zum einen werden die Individuen aus den traditionellen Lebenszusammenhängen herausgelöst. Es fehlt an Kommunikation, an gemeinsamen Erfahrungen und Erlebnissen. Zum anderen sehen alle die gleichen Programme, sodass alle den gleichen Informationen, Meinungen und Sendungen ausgesetzt sind. Sprich: Es

---

100 Ebers, N.: Individualisierung: Georg Simmel - Norbert Elias - Ulrich Beck. Würzburg: Königshausen & Neumann, 1995, S. 267-268.

101 Beck, Risikogesellschaft, a.a.O. S. 211.

102 Ebd., S. 211-212.

103 Ebd., S. 212.

kommt zur Standardisierung. Beck spricht von dem „... Dorfplatz des Fernsehens."[104] Gemeint ist, dass es keine Grenzen mehr gibt. International werden die gleichen Nachrichten konsumiert. Nicht einmal mehr innerhalb der staatlichen Grenzen kommt es zu Individuallagen.[105]

Durch die Individualisierungsschübe werden die Menschen immer mehr aus den sozialen Bindungen herausgelöst und damit privatisiert. Der Hintergrund, wie der der Eltern oder Großeltern verschwindet allmählich. Es fehlt der Bezug zu den Besagten und somit verschwindet die Vergangenheit. Dadurch zählen für viele immer mehr nur noch die Gegenwart und das private Leben. Auch die Schnittmengen gemeinsamer Unternehmungen nehmen ab und die Vereinsamung der Menschen nimmt ihren Lauf.[106]

Individualisierung ist Kampf

In der heutigen Gesellschaft verliert sich immer mehr die Solidarität und stattdessen wächst der Individualismus. Während in früheren Zeiten ein Gemeinschaftsgefühl und die Solidarität sehr wichtig waren, scheint nunmehr jeder auf seinen eigenen Vorteil aus zu sein.

In der Individualisierung werden Menschen aus Sozialformen freigesetzt. Klasse, Schicht, Familie und Geschlechtslagen von Männern und Frauen verlieren immer mehr an Bedeutung. Ulrich Beck führt mehrere Thesen der Individualisierung aus. So haben sich in den reichen westlichen Industrieländern die Menschen von traditionellen Bindungen an die Familie herausgelöst. Mit zunehmenden Sicherheiten und Unabhängigkeiten, in denen die Familie nicht mehr als Versorgungsinstanz gilt, lösen sich die Individuen und versuchen sich auf dem Arbeitsmarkt zu profilieren. Mit vielen Chancen, aber auch Risiken. Das Phänomen, das sich entwickelt ist, dass es keine traditionellen Klassen mehr gibt. Viel eher kämpft jeder für sich alleine. Daraus folgt wiederum, dass die Individuen, wenn sie abrutschen, keinen Halt mehr haben. Zu alledem werden die gesellschaftlichen Probleme als individuelles Versagen abgeurteilt, wenn es zu Schwierigkeiten bei einer einzelnen Person kommt. Ein guter Beleg dafür ist die hohe Arbeitslosigkeit. Sowohl zur Zeit der Erscheinung des Buches, mit einer Arbeitslosigkeit von weit über zwei Millionen Menschen, als auch heute, ist dieses Problem aktuell, bei einer Arbeitslosigkeit von ziemlich genau drei Millionen (3,08 Millionen /

---

104 Ebd., S. 213.

105 Ebd., S. 212–214.

106 Ebd., S. 216.

Stand September 2008)[107] Menschen. Zurückkommend auf das Individuum heißt dies, dass es als Eigenverschulden betrachtet wird, arbeitslos zu sein, obwohl die einzelne Person eventuell eine gute Ausbildung hat und sich auch persönlich für einen Beruf engagiert hat. Es gibt Falltüren, vor allem für Frauen, durch die sie aufgrund der sozialen und gesellschaftlichen Faktoren und nicht aufgrund eigenen Versagens fallen. Nicht aufgrund des Bildungsgrades, der Ausbildung oder der sozialen Herkunft, sondern durch die Scheidung kommen Frauen in eine Armutsfalle. Dies ist ein Beleg für die Freisetzung aus der Ehe- und Hausarbeitsversorgung. Frauen können sich nicht mehr auf diese verlassen. Gezwungenermaßen steigen die Anforderungen an Bildungszwängen. Mit dem Handicap, zumeist noch die Aufgaben der häuslichen Arbeiten sowie der Kinderverpflegung zu tragen. Die Familie wird zu einer „... Verhandlungsfamilie auf Zeit ..."[108] und die Beziehung zu einem Zweckbündnis, da jeder seinen individuellen Interessen nachgehen will. Der stabile Rückhalt der Familie fällt weg, denn in der Industrialisierung wurden die freigesetzten Individuen „... arbeitsmarktabhängig und damit bildungsabhängig, konsumabhängig, abhängig von sozialrechtlichen Regelungen und Versorgungen, von Verkehrsplanungen, Konsumangeboten, Möglichkeiten und Moden der medizinischen, psychologischen und pädagogischen Beratung und Betreuung."[109] Das bedeutet, dass sich die einzelnen Personen behaupten müssen, aber auch Erwartungen auf ein Stück eigenes Leben „... im materiellen, räumlichen, zeitlichen und bei der Gestaltung der sozialen Beziehung ..."[110] haben. Ein weiterer Grund für die Individualisierung und der Enttraditionalisierung ist der sogenannte „... Fahrstuhl-Effekt."[111] Dieser bedeutet nichts anderes, als dass die ganze Gesellschaft und deren Wohlstand eine Etage weiter hochgefahren ist. Sowohl materiell, als auch zeitlich stehen uns mehr Ressourcen zur Verfügung. Zeitlich aus mehreren Gründen. Beispielsweise steigt stetig die Lebenserwartung der Deutschen und ist mittlerweile bei Männern bei 76,2 Jahren und bei Frauen bei 82,1 Jahren.[112] Zudem verringerte sich die Erwerbsarbeitszeit durch immer geringere Wochenarbeitsstunden. Mit dem Fakt, dass sich auch die finanzielle Situation aller verbessert hat und sich in der heutigen Zeit nahezu jeder einen Fernseher, ein Auto oder einen Computer

---

107 Bundesagentur für Arbeit (Hrsg.), Arbeitsmarktberichterstattung: Der Arbeits- und Ausbildungsmarkt in Deutschland. September 2008. Nürnberg 2008, S. 51.

108 Beck, Risikogesellschaft, a.a.O., S. 118.

109 Ebd., S. 119.

110 Ebd.

111 Ebd., S. 124.

112 Albrecht, H.: Der Eva- Faktor. In Ztg.: Die Zeit Nr. 28 v. 03.07.2008, S. 31.

leisten kann, ist die Fahrt in die höhere Etage zu erklären. Diese neugewonnene materielle sowie zeitliche Freiheit, führt zur Förderung einer Individualisierungs-Gesellschaft, mit ihrem Massenkonsum und zum Schwund der traditionellen Lebensformen.[113]

In den 50er Jahren war vor allem die Kleinfamilie die Lebensform, die allgemein vorherrschte. Heutzutage ist diese noch immer dominierend, jedoch haben sich viele Alternativen gebildet, die auch als sozial anerkannt oder zumindest nicht mehr als sozial verrufen gelten. So zum Beispiel homosexuelle Paare, eine nichteheliche Lebensgemeinschaft, das Singledasein oder Alleinerziehende.[114]

2.5.2 Soziale Mobilität

„Das Geld mischt die sozialen Kreise neu."[115] Durch die neu eröffneten finanziellen und zeitlichen Möglichkeiten vermischen sich die sozialen Kreise, bis sie gar verschwinden. Es gibt keine speziellen Orte mehr, für spezielle Gruppen. Jeder kann überall Zugang bekommen.[116]

„Soziale Mobilität - wie im Übrigen auch geographische Mobilität, ja selbst die alltägliche Mobilität zwischen Familie und Arbeitsplatz - wirbelt die Lebenswege und Lebenslagen der Menschen durcheinander."[117] Immer mehr Frauen arbeiten, was eine Machtverschiebung in der Ehe und der Familie zur Folge hat. Die Frau entspricht nicht mehr den klassischen Rollenklischees. Kinder, Küche, Kirche: längst verblasste Zeiten. Die Damenwelt schafft sich immer mehr eine eigene Identität in Beruf, Familie und auch in anderen Bereichen. Doch dies fällt dem traditionellen Familiensystem zur Last. Wenn man nun noch die erhöhte berufliche Mobilität beim Mann bedenkt, so wird schnell klar, wer dabei die Verlierer sind. Die Kinder! Wenig Zeit der Eltern für den Nachwuchs, möglicherweise viele Umzüge und ständig wechselnde Umgebungen und Bindungen fördern nur noch mehr Individualisierung.[118]

Nun könnte man denken, dass die neue soziale Mobilität, mit ihren Chancen sehr positiv gesehen werden kann. Jedoch zeigt sich aus der Erfahrung, dass zwar die Individualisierung und die geographische Mobilität mit all ihren Konsequenzen - wie die Problematik des ständig

---

113 Beck, Risikogesellschaft, a.a.O., S. 115-120.

114 Junge, M.: Individualisierung. Frankfurt/Main: Campus Verlag GmbH, 2002, S. 7-8.

115 Beck, Risikogesellschaft, a.a.O., S. 124.

116 Ebd., S. 124-125.

117 Ebd., S. 125.

118 Ebd., S. 125-127.

wechselnden Umfeldes, Freundeskreises und so weiter - zwar zunimmt, aber die soziale Mobilität sehr schwach ausgeprägt ist.

Als soziale Mobilität versteht man das übertreffen beziehungsweise das unterbieten der beruflichen Position der Kinder gegenüber ihren Eltern. Die berufliche Position der Eltern, insbesondere des Vaters spielt nach wie vor eine große Rolle, wenn es um die Chancen der schulischen und beruflichen Zukunft der Kinder geht. Haben die Eltern eine gute berufliche Ausgangssituation, viel kulturelles und soziales Kapital, so hat dies positive Auswirkungen auf deren Söhne und Töchter. Noch immer ist es so, dass berufliche Positionen „vererbt" werden.[119]

Im Folgenden zeigt eine Tabelle, wie die Situation der sozialen Mobilität gegenwärtig aussieht. Als Grundlage für diese Erfassung wurden verschiedene Bevölkerungsumfragen zwischen 1976 und 2002 zusammengefasst. Die befragten Personen waren zwischen 20 und 64 Jahre alt, hatten die deutsche Staatsangehörigkeit und waren zum Zeitpunkt der Befragung im Berufsleben oder auf der Suche nach Arbeit. Differenziert wurde zwischen Ost- und Westdeutschland. In Ostdeutschland beginnen die statistischen Werte erst ab 1991. Die berufliche Position des Vaters, als die jeweiligen Befragten jeweils 15 Jahre alt waren, gilt als Maß der sozialen Herkunft.[120]

„Die Ergebnisse für Ostdeutschland sind aufgrund der Fallzahlen und der besonderen Umbruchsituation in den ersten Jahren nach der Wiedervereinigung mit einer gewissen Vorsicht zu interpretieren."[121] Deshalb werde ich mein Hauptaugenmerk bei den Interpretationen auch auf Westdeutschland legen.

In der unten stehenden Tabellen wird die Vererbungsrate der Klassenpositionen vom Vater auf das Kind dargestellt. Die Zahlen geben an, wie viel Prozent der Kinder von zum Beispiel leitenden Angestellten wiederum leitende Angestellte werden.[122]

---

119 Statistisches Bundesamt (Hrsg.): Datenreport 2004. Zahlen und Fakten über die Bundesrepublik Deutschland. 2. aktualisierte Aufl. Bonn 2004, S.614.

120 Ebd., S. 614-615.

121 Ebd., S. 616.

122 Ebd., S. 616.

Vererbungsraten: Anteil von Männern und Frauen, die die gleiche berufliche Position einnehmen wie ihre Väter, nach sozialer Herkunft					
	Westdeutschland			Ostdeutschland	
	1976-1980	1981-1990	1991-2002	1991-1992	2000-2002
	In %				
Männer					
Leitende Angestellte, höhere Beamte, freie Berufe	31	32	30	13	9
Qualifizierte Angestellte, gehobene Beamte	43	38	35	38	38
Einfache, mittlere Angestellte und Beamte	34	33	31	28	27
Selbständige	23	31	23	10	37
Landwirte	20	20	21	/	/
Facharbeiter, Meister	43	43	40	60	50
Un-/angelernte Arbeiter	24	22	23	10	19
Frauen					
Leitende Angestellte, höhere Beamte, freie Berufe	12	17	19	3	13
Qualifizierte Angestellte, gehobene Beamte	24	25	33	34	36
Einfache, mittlere Angestellte und Beamte	66	67	65	54	49
Selbständige	15	13	15	26	4
Landwirte	10	8	7	/	/
Facharbeiter, Meister	7	6	5	18	17
Un-/angelernte Arbeiter	38	33	28	11	21

/ Fallzahlen zu gering

Datenbasis: ALLBUS, SOEP, ZUMA-Standarddemografie, 1976-2002.[123]

Betrachtet man nun die Tabelle, so fällt auf, dass die Vererbungsraten von Vätern auf ihre Töchter - mit Ausnahme der einfachen Angestelltentätigkeiten sowie den unqualifizierten Arbeiterpositionen - geringer sind, als auf ihre Söhne.[124]

Bei den Männern in Westdeutschland liegt die Vererbungsrate im Zeitraum von 1991 bis 2002 der einzelnen Berufspositionen zwischen 21 Prozent bei Landwirten und 40 Prozent bei Facharbeitern und Meistern. Das heißt, dass ein Viertel der Landwirtsöhne wieder Landwirte werden und etwas weniger als die Hälfte der Söhne von Facharbeitern und Meistern, die gleiche berufliche Position inne haben. Drastische Änderungen bei den Vererbungsraten im Laufe der Zeit, bei den einzelnen untersuchten Gruppen, sind lediglich bei den Qualifizierten Angestellten und gehobenen Beamten festzustellen. Hier ist seit 1976 ein deutlicher Rückgang von 43 Prozent auf 35 Prozent zu erkennen.

Bei den Frauen in Westdeutschland sind die Vererbungsraten geringer. Auch der Prozentsatz der Vererbungsrate klafft mit fünf Prozent im Bereich der Facharbeiter und Meister sowie 65 Prozent bei einfachen, mittleren Angestellten und Beamten, im Zeitraum 1991 bis 2002, weit auseinander. Deutlichere Verschiebungen der Prozentsätze sind zu ver-

123 Ebd., S. 617.

124 Ebd., S. 617.

zeichnen. Während immer mehr Töchter den Weg des Vaters als leitende Angestellte, höhere Beamte oder Freiberuflerin folgen (Anstieg von 12 Prozent auf 19 Prozent), sank die Vererbungsrate bei un- und angelernten Arbeitervätern auf ihre Töchter von 38 auf 28 Prozent.

Generell lässt sich sagen, dass die Vererbungsraten, bis auf die angesprochenen Positionen, konstant geblieben sind.

Nun wollen wir das Ausmaß der sozialen Auf- und Abstiege untersuchen. „Um Auf- und Abstiege zu untersuchen, ist es erforderlich, die einzelnen Berufspositionen in einer Rangfolge anzuordnen. Dafür wird den leitenden Angestellten bzw. Beamten sowie den freien Berufen die vorteilhafteste Position zugeschrieben, gefolgt von den qualifizierten Angestellten bzw. Beamten. Am unteren Ende dieser Hierarchie befinden sich un- und angelernte Arbeiterpositionen. Die verbleibenden Gruppen der einfachen Angestellten, Facharbeiter, kleinen Selbstständigen und Landwirte sind nur sehr schwer hierarchisch zu differenzieren. Sie werden daher in einer einzigen - recht heterogenen - Gruppe zusammengefasst, so das es insgesamt vier verschiedene Gruppen bzw. Hierarchiestufen gibt."[125]

Gesamtmobilität, vertikale und horizontale Mobilität, Auf- und Abstiegsraten					
	Westdeutschland			Ostdeutschland	
	1976-1980	1981-1990	1991-2002	1991-1992	2000-2002
	In %				
Männer					
Gesamtmobilität (%)	87	66	68	60	61
Gesamtmobilität umfasst:					
Vertikale Mobilität (%)	42	43	48	41	39
Horizontale Mobilität (%)	25	24	20	20	22
Verhältnis vertikale/horizontale Mobilität (%)	1,7	1,8	2,3	2,1	1,8
Vertikale Mobilität umfasst:					
Aufwärtsmobilität (%)	30	30	33	26	18
Abwärtsmobilität (%)	12	13	15	15	21
Verhältnis Aufstiege/Abstiege	2,4	2,4	2,3	1,8	0,8
Frauen					
Gesamtmobilität (%)	75	75	75	75	75
Gesamtmobilität umfasst:					
Vertikale Mobilität (%)	41	40	43	44	38
Horizontale Mobilität (%)	33	35	33	31	37
Verhältnis vertikale/horizontale Mobilität (%)	1,2	1,1	1,3	1,4	1,0
Vertikale Mobilität umfasst:					
Aufwärtsmobilität (%)	18	20	24	25	20
Abwärtsmobilität (%)	23	20	19	20	18
Verhältnis Aufstiege/Abstiege	0,8	1,0	1,3	1,3	1,1

Datenbasis: ALLBUS, SOEP, ZUMA-Standarddemografie, 1976-2002. [126]

[125] Ebd., S. 618.

[126] Ebd., S. 619.

Die Gesamtmobilität gibt an, wie viel Prozent der Befragten eine andere Position im Gegensatz zu ihrem Vater einnehmen. Es gibt immer noch Berufsfelder, die traditionell eher von Männern als von Frauen besetzt werden und umgekehrt. Deshalb ist es nicht verwunderlich, dass die Gesamtmobilität bei Frauen höher als bei Männern ist. Deutlich der Tabelle zu entnehmen ist, dass es zwischen 1976 und 2002 keine signifikanten Veränderungen bei der Gesamtmobilität gibt. Während die vertikale Mobilität, dass heißt Auf- oder Abstiege zwischen den Hierarchien, bei Männern im Westen um sechs Prozent von 42 Prozent auf 48 Prozent stieg, sank die horizontale Mobilität, dass heißt die Mobilität auf gleicher Hierarchieebene um fünf Prozent. Die vertikale Mobilität kommt heute (gemeint ist der Zeitraum 1991 bis 2002) 2,3 mal so häufig vor wie die horizontale, was 1976 lediglich 1,7-mal so häufig der Fall war. Stellt man die vertikale und horizontale Mobilität bei Frauen im Westen in Relation, so bleiben diese Werte relativ ausgeglichen. Lediglich 1,3 im Zeitraum 1991 bis 2002 und 1,2 im Zeitraum 1976 bis 1980 sind die Zahlenwerte hier, wobei 1,0 eine absolute Ausgeglichenheit zwischen vertikaler und horizontaler Mobilität darstellen würde. Zu erwähnen ist noch, dass bei Frauen die Aufwärtsmobilität in der vertikalen Mobilität von 18 Prozent auf 24 Prozent zunahm, während die Abwärtsmobilität von 23 Prozent auf 19 Prozent sank. Bei den Männern dagegen sind sowohl Aufwärtsmobilität (um drei Prozent) als auch Abwärtsmobilität (ebenfalls um drei Prozent) gestiegen.[127]

Mit Hilfe der nächsten zwei Grafiken soll der Zusammenhang zwischen sozialer Herkunft und der Position der Befragten geklärt werden. Die Grafiken beginnen 1976 mit dem Wert 1 der westdeutschen Männer und Frauen, um eine Orientierung zu schaffen. 1 ist also der Ausgangspunkt. Sinkt der Wert im Zeitverlauf, so hat dies zu bedeuten, dass der Zusammenhang zwischen sozialer Herkunft und Position abschwächt. Umgekehrt verhält es sich natürlich, wenn der Wert ansteigt.[128]

---

127 Ebd., S. 619-620.

128 Ebd., S. 620-621.

Abb. 1: Relative Veränderung der Stärke des Zusammenhangs zwischen sozialer Herkunft und eigener Position – Männer

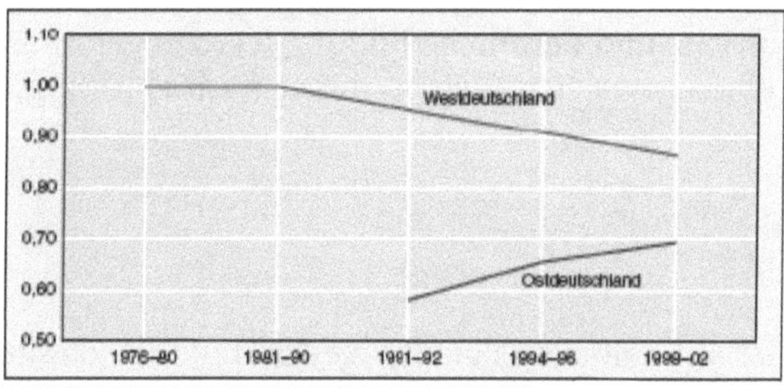

Datenbasis: ALLBUS, SOEP, ZUMA-Standarddemographie 1976-2002.

Abb. 2: Relative Veränderung der Stärke des Zusammenhangs zwischen sozialer Herkunft und eigener Position – Frauen

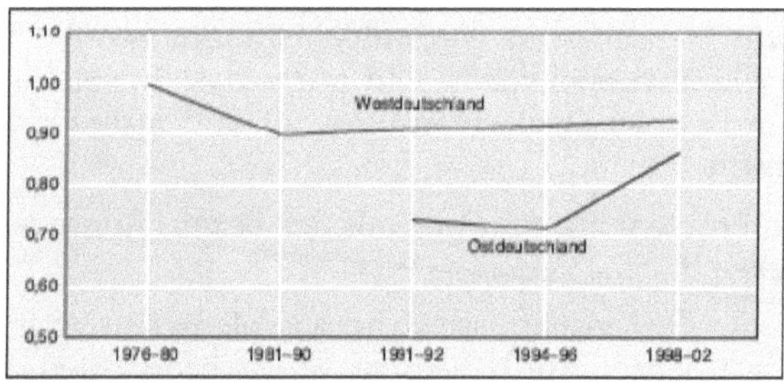

Datenbasis: ALLBUS, SOEP, ZUMA-Standarddemographie 1976-2002. [129]

Während bei den ostdeutschen Männern der Zusammenhang zwischen sozialer Herkunft und beruflicher Position zunahm, sank der Wert bei den westdeutschen Männern. Dennoch spielt der Zusammenhang zwischen den beiden Faktoren im Westen immer noch eine deutlichere Rolle als im Osten. Bei den Frauen ist ein ähnlicher Trend zu verzeichnen. Während im Westen der Zusammenhang abschwächt, nimmt er im Osten zu, sodass sich die Werte der west- und ostdeutschen Frauen langsam annähern.[130]

Betrachtet man nun alles in allem, so ist festzustellen, dass sehr wohl noch die soziale Herkunft und die berufliche Position des Vaters hohen Einfluss auf die beruflichen Chancen der Kinder haben. Viele Werte sind seit 1976 nahezu gleich geblieben, zeigten wenn dann nur schwache Veränderungen oder Veränderungen nur in Teilbereichen, wie zum Beispiel die Abnahme der Vererbungsrate von westdeutschen Frauen bei un- oder angelernten Arbeitervätern um zehn Prozent.

---

129 Ebd., S. 621.

130 Ebd., S. 621–622.

Das heißt nun, dass heute viele Opfer gefordert werden um auf dem Arbeitsmarkt zu bestehen. Flexibilität, geographisch sowie zeitlich, und eine gute schulische und berufliche Bildung werden gefordert, wobei die Chancen für einen sozialen Aufstieg immer noch abhängig vom Elternhaus sind.

2.5.3 Armut

Einleitung

Armut habe ich deshalb als Thematik gewählt, da ich darauf hinweisen will, wie einerseits mit zweierlei Maß Armut betrachtet wird - wie der Begriff Armut sowohl für sozial und materiell Benachteiligte in Deutschland und den anderen reichen industriellen Ländern als auch für hungerleidende Menschen in verarmten Ländern benutzt wird - und andererseits, wie unvorstellbar es sein muss, dass in solch reichen Ländern, wie zum Beispiel Deutschland, Armut und insbesondere Kinderarmut vorherrschen kann.

Beck trifft die Problematik sehr gut mit der Bezeichnung der „... ‚Probleme' der ‚dicken Bäuche'."[131]

Wenn man heute die Verhältnisse sieht, wie Menschen leben, sich finanzieren, welche Chancen sie haben, so ist zu beobachten, dass immer mehr Menschen verarmen, während ein geringer Teil ein großes Vermögen besitzt. Es ist im Gegensatz zur Feudalzeit keine Gewährleistung mehr gegeben, die ein Existenzminimum versprechen. Es wird viel über die wissenschaftliche Betrachtung von Armut gestritten. Wie soll man diese messen und wo liegt die Grenze. Üblicherweise spricht man von einer absoluten und einer relativen Armut. Absolute Armut bedeutet, unter einem Niveau zu leben, bei dem eine Befriedigung der minimalen Lebensbedürfnisse nicht mehr gewährleistet ist. Unter relativer Armut versteht man, wenn Personen unterhalb einer Einkommensgrenze im Vergleich zum Durchschnittseinkommen der Gesellschaft liegen. So gilt bei der „strengen relativen Armut" als arm, wer weniger als 40 Prozent des durchschnittlichen Nettoeinkommens der privaten Haushalte an Einkommen hat. Bei der „milden relativen Armut" liegt diese Grenze bei 60 Prozent. Es gibt aber auch Verfahren, bei denen eine 50-Prozent-Grenze gilt.[132]

Armut betrifft in der heutigen politisch und wirtschaftlich problematischen Zeit immer mehr Bevölkerungsgruppen. In den 1970er Jahren

---

131 Beck, Risikogesellschaft, a.a.O., S. 27.

132 Biermann, B. u.a.: Soziologie. Studienbuch für soziale Berufe. 4. durchges. Aufl. München: Vlg. Ernst Reinhardt, 2004, S. 252–253.

fielen hauptsächlich noch Rentner unter die Armutsgrenze. Seit den 1980er Jahren spricht man von einer Feminisierung der Armut. Probleme sind, dass Frauen oft alleinerziehend, finanziell abhängig vom Partner und oftmals Kleinstverdiener sind.[133]

Neue Armut in Deutschland entsteht. Immer mehr Frauen und Kinder und auch andere Gruppen gehören zu den Risikogruppen, die leichter gefährdet sind zu verarmen.

Die aktuelle OECD-Studie zeigt, dass die Kluft zwischen Arm und Reich immer größer wird. Die Ungleichheit der Einkommen sowie die Armut haben in den letzten Jahren zugenommen. Während Deutschland Anfang der 90er Jahre die Armutsquote noch ein Viertel geringer war als im OECD-Durchschnitt, liegt der Staat jetzt leicht darüber. Neben Tschechien, Kanada und Neuseeland ist die Kinderarmut in Deutschland am stärksten gestiegen. Während Rentner unterdurchschnittlich von Armut betroffen sind, sind es Kinder und Alleinerziehende überdurchschnittlich.[134]

Kinderarmut

Die Armut bei Kindern und Jugendlichen ist besorgniserregend. Das kann natürlich auch verheerende Folgen für die Gesellschaft haben. Denn eine finanzielle Armut bei Kindern und Jugendlichen führt dazu, dass die Bildung und Ausbildung der folgenden Generationen darunter leidet. Die folgenden Statistiken sollen aufzeigen, wie sich Armut beziehungsweise Armutserfahrung auf Bildung und auf Chancen der Kinder auswirkt.

---

133 Ebd., S. 255.

134 Deutsche Presse-Agentur: Kluft zwischen Arm und Reich immer größer. OECD-Studie belegt rasanten Wandel: Armut in Deutschland trifft vor allem Alleinerziehende und Kinder. In: Amberger Zeitung. Nr. 247 v. 22.10.2008, S. 1.

Zehnjährige mit Defiziten in den Lebenslagedimensionen – 2003/04

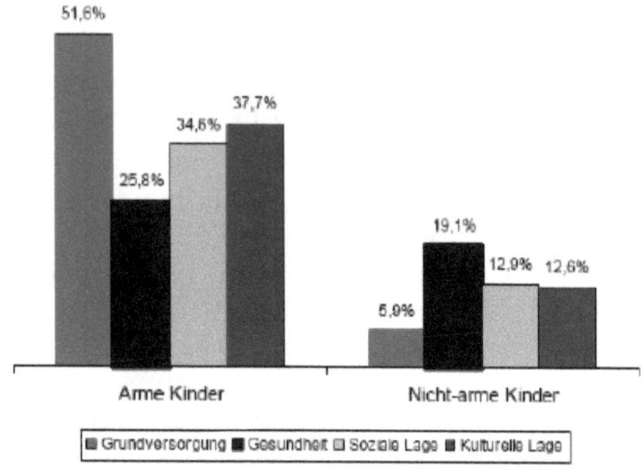

N = 159 arm, 341 nicht-arm.
Quelle: „Armut im späten Grundschulalter 2003/04"; eigene Darstellung [135]

Diese Grafik zeigt Defizite von Kindern in bestimmten Bereichen auf, wobei Kinder mit und ohne Armutserfahrungen untersucht wurden.

Die Grundversorgung ist natürlich abhängig vom materiellen Bereich. Einschränkungen gibt es bei der Kleidung, beim Spielzeug oder beim eigenen Kinderzimmer. Zum kulturellen Bereich zählen Faktoren wie Noten, Klassenwiederholungen oder Übertrittmöglichkeiten (vergleiche hierzu auch die nächste Statistik). Andere Kinder mit nach Hause bringen, den Geburtstag feiern und an Vereinsaktivitäten teilnehmen können, zählen zum sozialen Bereich. Zur Gesundheit gehören Faktoren wie das subjektive Wohlbefinden und der aktuelle Gesundheitszustand des Kindes.[136]

In dieser Grafik sind die Defizite zu erkennen, die arme Kinder im Gegensatz zu nicht-armen haben. Nicht überraschend ist, dass der größte Unterschied im materiellen Bereich, also in der Grundversorgung, liegt. Während bei nicht-armen Kindern nur 5,9 Prozent einem Defizit der Grundversorgung ausgesetzt sind, sind es bei armen mit 51,6 Prozent fast zehnmal soviel. Weiterhin sticht hervor, dass es eine enorme Kluft zwischen armen und nicht-armen Kindern bei der kulturellen Lage gibt.

---

135 Holz, Gerda u.a. (2008): Zukunftschancen für Kinder!? - Wirkung von Armut bis zum Ende der Grundschulzeit. In: www.sozialpolitik-aktuell.de (Fachliche Bereiche → Kindheitsforschung → und dann unter dem Block Kinder im Schulkindalter) Zugriff am 17.10.2008.

136 Ebd.

Dreimal so viele arme Kinder haben hier Defizite im Vergleich zu den nicht-armen Kindern.

Bei den Defiziten der sozialen Lage ist die Situation ähnlich wie bei der kulturellen. 34,6 Prozent der armen Kinder mit Defiziten in diesem Bereich stehen 12,9 der Nicht-armen gegenüber. Den geringsten Unterschied zwischen den beiden untersuchten Gruppen, gibt es bei der Gesundheit. Lediglich 6,7 Prozent der armen Kinder haben eine schlechtere Gesundheit.

Somit zeigt sich, dass in allen Bereichen, in denen Kinder nicht von Armut betroffen sind, vorteilhaftere Werte aufweisen können als Kinder die mit der Armut zu kämpfen haben. Teils große Spannen der statistischen Werte zeigen die unterschiedlichen sozialen, kulturellen, gesundheitlichen und materiellen Chancen und Voraussetzungen der beiden untersuchten Gruppen auf.

In der folgenden Grafik kann man die Bildungschancen von Kindern mit Armutserfahrung und von Kindern ohne diese sehr gut analysieren.

Armutserfahrung im Vor- oder Grundschulalter und geplante Schulform der Sekundarstufe I – 1999 bis 2003/04

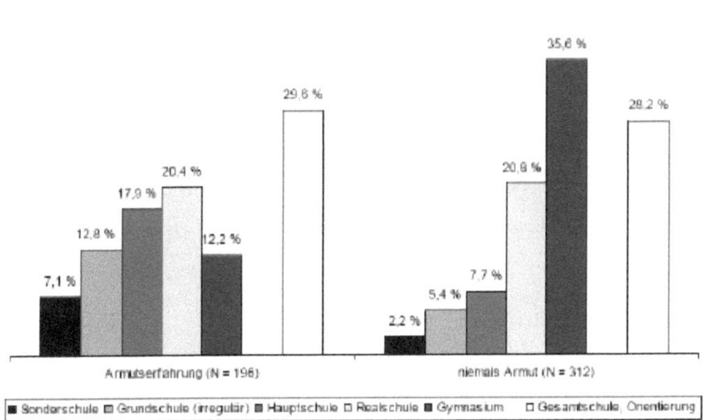

N = 159 arm, 341 nicht-arm. (Elternangaben).
Quellen: „Armut im Vorschulalter 1999", „Armut im späten Grundschulalter 2003/04"; Darstellung des ISS. [137]

Während 35,6 Prozent der Kinder, die niemals Armut erleiden mussten auf ein Gymnasium übertreten, sind es bei den Kindern mit Armutserfahrungen lediglich 12,2 Prozent. Im Vergleich dazu sind 7,1 Prozent der Kinder, die Erfahrungen mit Armut haben auf einer Sonderschule aber nur 2,2 Prozent der Kinder, die nie Armut erleiden mussten. Diese Vergleiche lassen sich bei den anderen Schulformen weiterführen. Desto

137 Ebd.

höher die Schulform, desto mehr Kinder ohne Armutserfahrungen sind an dieser oder treten auf diese über und umgekehrt.

Daraus ist eindeutig zu erkennen, dass finanziell solide Haushalte sowohl in allen Lebenslagen, wie Gesundheit, im kulturellen Bereich, in der Grundversorgung und im Sozialen als auch bei der Bildung mehr Lebenschancen wahrnehmen können.

Natürlich müssen solche Probleme in erster Linie auf politischer Ebene angegangen werden. Aus den Grafiken lässt sich heraus lesen: Desto weniger Armut vorherrscht, desto bessere Bildungschancen und desto bessere Lebenslagen ergeben sich für die Bevölkerung.

Die Armutssituation in einer Familie ist sehr komplex und muss im Ganzen betrachtet werden. Für die kindliche Entwicklung sind Familienaktivitäten wie zum Beispiel das zusammen essen, lernen, einkaufen, spielen oder Ausflüge von enormer Bedeutung. So lässt sich nicht schwer erraten, dass Familien mit finanziellen Schwierigkeiten auch weniger Möglichkeiten bei Aktivitäten haben.[138]

Die AWO-ISS-Studie fordert drei hauptsächliche Ziele, aufgrund der Ergebnisse der Studien. Sie fordert eine Armutsvermeidung in Familien, insbesondere bei Ein-Eltern-Familien und bei Familien mit Migrationshintergrund. Darüber hinaus wird noch die Unterstützung von Familien gefordert, und zwar orientiert an der Lebenslage der Kinder, und nicht an das Armutsverhältnis der Kinder, sodass sowohl armen als auch nicht-armen Kindern mit Problemen in verschiedenen Lebenslagen geholfen werden kann. Schließlich wird noch die Förderung von armen Kindern gefordert, die auf eine spezifische Unterstützung dieses Klientel abzielt.[139]

Ungleichheit der Armut

Am 21.Oktober 2008 erschien die neue OECD-Studie, in der die wirtschaftliche Entwicklung der 30 OECD-Länder zwischen 1985 und 2005 untersucht wurde. Anfang der 1990er Jahre lag die Armutsquote in Deutschland noch rund ein Viertel unter dem OECD-Mittelwert. Die Quote hat sich jedoch drastisch erhöht und der Anteil der Menschen, die in relativer Armut leben, liegt mittlerweile der Studie zufolge knapp über dem Schnitt der Organisation für wirtschaftliche Zusammenarbeit und Entwicklung. Positiv zu vermelden ist jedoch, dass es im Vergleich nur wenige Langzeitarbeitslose in Deutschland gibt. Des Weiteren müssen Deutsche weniger oft auf Grundbedürfnisse wie Haushaltsgüter,

---

[138] Ebd.

[139] Ebd.

Freizeit oder einer zufriedenstellenden Wohnsituation im Vergleich zu anderen Ländern verzichten. Gründe für die Zunahme der Einkommensungleichheit und der Armut sieht die OECD-Studie in mehreren Ursachen. Löhne und Gehälter klaffen immer weiter auseinander. Dazu kommt die Arbeitslosigkeit sowie Veränderungen in der Haushaltsstruktur. Single-Haushalte und Haushalte von Alleinerziehenden nehmen immer mehr zu und kleinere Haushalte wiederum brauchen ein höheres Pro-Kopf-Einkommen als größere, um denselben Lebensstandard zu erreichen.[140]

Die Kluft zwischen Arm und Reich wird immer größer. Eine Mittelschicht bricht weg beziehungsweise ist schon fast eingebrochen. Was sind die Gründe für die stetigen Vergrößerungen der Kluft? Zum einen steigen die Löhne der ohnehin gut verdienenden Leute, während die Arbeitslosigkeit, vor allem von Menschen mit niedrigem Bildungsniveau, ansteigt.[141]

Ein wichtiger Hinweis ist, dass sich die OECD-Studie mit dem Zeitraum von 1985 bis 2005 befasst. Daher muss erwähnt werden, dass sich von 2005 bis heute die Arbeitsmarktsituation verbessert hat. So ist die Zahl der gemeldeten Arbeitslosen von rund fünf Millionen auf rund drei Millionen gesunken. Dies wiederum hat Auswirkungen auf die Armutsquote.[142]

Negativ wirkt sich nun aber die Weltwirtschaftskrise auf diese Zahlen wieder aus. Eine negative Entwicklung im Bereich der Arbeitslosenzahlen ist zu erwarten.

Des Weiteren spielt die schon angesprochene Situation, dass es immer mehr Single-Haushalte gibt, eine große Rolle. Folge für den Staat ist eine niedrige soziale Mobilität. Darunter versteht man, dass in Ländern mit einem hohen Einkommensgefälle die Chancen der Kinder sinken, ihre Eltern bezüglich des Bildungsniveaus zu übertreffen.[143]

Näheres zur sozialen Mobilität ist unter dem entsprechendem Gliederungspunkt zu finden.

---

140 Spiegel Online (2008): Soziale Ungleichheit in Deutschland wächst rasant. In: www.spiegel.de (Am sinnvollsten ist es, man gibt den Titel des Artikels in die Suchmaschine der Internetseite ein, dadurch gelangt man direkt zum gewünschten Link) Zugriff am 24.10.2008.

141 Ebd.

142 Kaiser, Stefan (2008): Wer hat, dem wird gegeben. In: www.tagesspiegel.de (Auf Suchen drücken, dann erscheint die Suchmaske der Internetseite, als Datum den 22.10.2008 und als Suchbegriff den Autor Kaiser Stefan eingeben, dann erscheint der Artikel als Suchergebnis) Zugriff am 24.10.2008.

143 Spiegel Online, Soziale Ungleichheit in Deutschland wächst rasant, a.a.O.

Die Politik kann durch eine Bildungspolitik, die Jugendliche auf die Anforderungen der modernen Arbeitswelt vorbereitet, durch eine Arbeitspolitik, die die Wiedereingliederung von Arbeitslosen in den Arbeitsmarkt fördert und eine Sozialpolitik, die ein Existenzminimum für alle Haushalte sichert, sinnvoll intervenieren.[144]

Betrachten wir nun die OECD-Studie mit ihren Ergebnissen und die Armutssituation in Deutschland, so lässt sich auf jeden Fall ein negativer Trend feststellen, in dem Armut zunimmt und dadurch weitere Probleme entstehen. Doch Armut in Deutschland ist fast immer relativ. Man muss bedenken, dass trotz der Zahlen und Statistiken nur die wenigsten in Deutschland in absoluter Armut leben. Zum einem sind die relativ Armen hierzulande reich. Im Gegensatz dazu stehen Menschen, die täglich Hunger leiden müssen. Zum anderem muss man Moderne und Fortschritt mit in seine Überlegungen einbeziehen, wenn man von Armut in Deutschland spricht. Menschen, die bei uns in relativer Armut leben, haben ein Dach über dem Kopf, stets etwas zu Essen und Kleidung, was schon mal die Grundbedürfnisse abdeckt. Zudem kommen noch viele Luxusartikel, wie Fernseher, Radio, Wohnungsausstattung, Computer und viele mehr hinzu, die als selbstverständlich angesehen werden. Sprechen wir von einer „kranken Gesellschaft", so finde ich persönlich es krank, von Armut zu sprechen, auch wenn sie relative Armut genannt wird, obwohl es diesen „armen Menschen" immer noch nicht an alltäglichen, geschweige denn lebensnotwendigen Dingen fehlt. Mag es nur eine Aufhängung oder Kritik an der Begrifflichkeit von Armut sein, dennoch muss meiner Meinung nach ein größeres Bewusstsein für einen Armutsbegriff geschaffen werden. Ich will durch diese Aussagen die prekäre Situation und die Entwicklung von Armut in Deutschland oder allgemein in den Industriestaaten nicht verharmlosen. Natürlich müssen solche gesellschaftlichen oder sozialen Situationen analysiert und besprochen und gegebenenfalls sinnvoll interveniert werden. Ich will jedoch auf die Notwendigkeit einer Sensibilisierung im Sprachgebrauch mit Armut hinweisen und auf die Notwendigkeit, die Armutssituation in der Gesamtsicht zu sehen.

---

144 Ebd.

2.6 Freizeitverhalten

„Freizeit, der (im Einzelnen unterschiedlich definierte) Teil der menschlichen Lebenszeit, der nicht durch die Erfüllung berufl. oder berufsähnl. Verpflichtungen und physiolog. Grundbedrüfnisse (Ernährung, Schlaf, Körperpflege) gebunden ist und dem Menschen zur freien Verfügung offen steht."[145]

Fromm stellt die Hypothese auf, dass die Menschen in der westlichen Kultur schon zu Tausenden Nervenzusammenbrüche erleiden und unter akuter Angst leiden würden, gäbe es vier Wochen weder Kino, Rundfunk, Fernsehen, noch sportliche Veranstaltungen oder Zeitungen. Untermauert wird diese Behauptung durch ein Experiment Fromms. Untersucht wurden verschiedene Klassen von nicht-graduierten College-Studenten. Die Studenten sollten sich vorstellen drei Tage in einem Zimmer ohne Radio und anderen Unterhaltungslektüren, nur mit „guten Büchern", mit normalen Essen und allen anderen körperlichen Bequemlichkeiten zu verbringen. Ergebnis dieses Experiments: 90 Prozent beschreiben diese Situation von höchst nervenaufreibend bis zum Gefühl der akuten Panik, während nur eine kleine Minderheit meint, sie würde sich wohl fühlen.[146]

2.6.1 Definition aus der subjektiven Perspektive

Bekannt in der Forschung ist, „… dass die Formen des Lebensstils von Faktoren wie Alter, Geschlecht, Bildungsniveau, Berufsstatus, Haushaltsstruktur und anderen Merkmalen der sozioökonomischen Lage abhängen."[147] „Lebensstile sind ‚Formen der ‚bewährten' Lebensführung, Muster des Alltagsverhaltens einschließlich der beteiligten Interaktionskontexte und physisch-symbolischen Artefakte. Sie werden über Prozesse von Versuch-und-Irrtum durch das Individuum erworben, in biografischen Zeiträumen stabilisiert, revidiert und angepasst … Als … Ganzheiten sind Lebensstile im subjektiven Repertoire von Erinnerung, Kompetenzen und Routinen gespeichert, aus dem jeweils Elemente von ihnen, je nach der aktuellen Definition der Situation, abgerufen und problemlösend angewendet werden …'"[148] Lebensstile werden - ganz im Gegensatz zu früher - immer mehr über den Freizeitstil definiert. Beruf

---

145 Brockhaus: Freizeit. 21. Völlig neu bearb. Aufl. Leipzig, Mannheim: F.A. Brockhaus, 2006 (= Bd. 9), S. 741.

146 Fromm, Wege aus einer kranken Gesellschaft, a.a.O., S. 22.

147 Lüdtke, H.: Die Rahmung von Freizeit und Konsum durch den Lebensstil. In: *Popp* 2005, S. 157.

148 Ebd., S. 158.

und Erwerbsarbeit waren einst Leitbildfunktionen für die Lebensführung. In der heutigen Spaßgesellschaft tritt aber die Freizeit in den Mittelpunkt des Alltags. Das ganze Freizeitverhalten der Menschen ist dabei flexibler, individueller und schwieriger zu definieren geworden. Freizeit wird heute in der Art des Zeitraumes, der Tätigkeit sowie der Situation von den Individuen frei bestimmt. Hierbei werden dem Menschen zum einen immer mehr Entfaltungsmöglichkeiten geboten - zum Beispiel beim Konsum mit der breiten Fülle an Angeboten oder auch den langen Öffnungszeiten der Geschäfte - und zum anderen werden die Grenzen zwischen Arbeit und Freizeit immer mehr verwischt. Hier kann als Beispiel die flexible Arbeitszeit angeführt werden. Aufgrund dieser Entwicklung ist eine Definition der Freizeit aus der subjektiven Perspektive notwendig.[149]

Lüdke definiert deshalb Freizeit „... als eine bestimmte Qualität des Zeiterlebens und einen Handlungsraum bestimmter Tätigkeiten, mit dem die Menschen folgende Möglichkeiten verbinden:

a) Es dominiert ihr expressiver Charakter (Selbstzweck, Erlebnisorientierung). Einschränkend ist zu sagen, dass die Instrumentalisierung der Freizeit für Zwecke der Sicherung von ‚Nebenkarrieren', des Leistungs- und Erfolgswettbewerbs, der Demonstration von Sozialprestige, der Einsparung von Kosten fremder Dienstleistungen etc. fortgeschritten ist. Im expressiven ‚reinen' Kern der Freizeit verbleibt dann das, was altmodisch ‚Muße' und heute oft ‚Eigenzeit' genannt wird...

b) Die Tätigkeiten bzw. Situationen haben diffusen Charakter, d. h. in ihnen versuchen sich Menschen als ganze Person, nicht nur als Träger spezifischer Funktionen und Rollen, darzustellen. Auch diese Behauptung ist in dem Maße einzuschränken, wie sich moderne, quasi-professionelle hobbytreibende zu den erstaunlichsten, manchmal gar lebensgefährliche Hochleistungen, nicht nur sportlicher Art, in der Freizeit steigern, d. h. ausgesprochene ‚Expertenrollen' als Sammler, Sportler, Privatgelehrte, Heimwerker, Kunstkenner etc. spielen.

c) Private Interessen und Präferenzen dominieren hier, ebenso wie primäre, informale Beziehungen und Netzwerke, auch wenn die Tätigkeiten im Kontext von Vereinen, Clubs und anderen Organisationen stattfinden.

d) Der Zeitaufwand für eine Tätigkeit ist relativ variabel; es steht einem frei, sie mehr oder minder häufig, für kurze oder längere

149 Ebd., S. 157-162.

Zeit, an diesem oder jenem Ort auszuüben. Einschränkungen: siehe oben."[150]

2.6.2 Wie viel Freizeit hat der Mensch

Der Anteil der Freizeit ist im letzten Jahrhundert stetig gestiegen. Gründe dafür sind die geringeren Arbeitszeiten sowie die stets steigende Lebenserwartung. In den 1950er Jahren dominierte noch die Arbeitszeit, da damals die Kriegsschäden behoben werden mussten und der Wiederaufbau höchste Priorität hatte. Damals gab es eine Arbeitszeit von 48 Stunden pro Woche. Gearbeitet wurde an sechs von sieben Tagen. In den 1970er Jahren waren es dann nur noch Fünf-Tage- oder 42-Stunden-Wochen. 1990 kam es dann soweit, dass die Freizeit die Arbeitszeit überholte. Die Fünf-Tage-Woche blieb bestehen, wobei eine Arbeitszeit von 40 Stunden teilweise unterschritten wurde. Laut einer Prognose verfügen die Menschen um 2020 über rund 700.000 Stunden Lebenszeit, von denen rund 360.000 Stunden frei verfügbar sind. Also mehr als die Hälfte der Lebenszeit.[151]

2.6.3 Freizeit und Freiheit

Freizeit bedeutet nicht gleich Freiheit. Neben der Arbeit kommen auch noch weitere Pflichten wie zum Beispiel Einkaufen, Reparaturen oder familiäre Verpflichtungen hinzu. Jede und Jeder hat bestimmte Aufgaben in seiner Freizeit. Die Entscheidung über die Gestaltung und Nutzung der eigenen Freizeit liegt immer beim Individuum. Wir sind ständig einem Überangebot und bestimmten Erwartungen an unsere Freizeit ausgesetzt, sodass oft Freiheit kaum noch stattfindet. Immer neue Erlebnisse und Möglichkeiten die geboten werden, bedeuten Stress, anstatt abwechselnden Erholungs- und Erlebnismöglichkeiten.[152]

Bei der Freizeitgestaltung lässt sich theoretisch zwischen acht grundlegenden Bedürfnissen unterscheiden:

- Rekreation (Erholung, Gesundheit und Wohlbefinden)
- Kompensation (Ausgleich, Zerstreuung, Vergnügen)
- Edukation (Kennenlernen, Lernanregung, Weiterlernen)

---

150 Ebd., S. 162.

151 Thiel, F.: Freizeit: Freisetzung: Depression. In: *Popp* 2005, S. 173–187.

Popp, R. (Hrsg.): Zukunft: Freizeit: Wissenschaft. Festschrift zum 65. Geburtstag von Univ. Prof. Dr. Horst W. Opaschowski. Wien: Lit, 2005 (= Bd. 6), S. 174–175.

152 Ebd., S. 175–176.

- Kontemplation (Ruhe, Muße und Selbstbestimmung)
- Kommunikation (Mitteilung, Kontakt, Geselligkeit)
- Integration (Zusammensein, Gemeinschaftsbezug und Gruppenbildung)
- Partizipation (Beteiligung, Engagement und soziale Selbstdarstellung)
- Enkulturation (kreative Entfaltung, produktive Betätigung und Teilnahme am kulturellen Leben

[153]

2.6.4 Freizeit und Depression

Durch die immer geringere Arbeits- und Erwerbszeit und den stetigen Anstieg der Lebenszeit, steht den Individuen heute immer mehr Freizeit zur Verfügung. Der Mensch ist immer mehr freigesetzt von Zwängen und Hierarchien. Der Einzelne ist also gezwungen sein Leben oder besser gesagt seine Freizeit in die eigene Hand zu nehmen. Bei allen Vorteilen und Freiheiten, gibt es aber auch Problematiken. Der Wegfall der klaren Hierarchien und Zwänge bedeutet gleichermaßen ein Wegfall von vorgegebenen Leitlinien und Normen. Dadurch kommt es natürlich auch zu einem Verlust von Sicherheit und Ordnung. Jeder muss für sich selbst Verantwortung übernehmen und dauernd individuelle Entscheidungen treffen. Diesen Anforderungen sind viele Menschen nicht gewachsen. Depression, eine schwere psychische und die weltweit viert-häufigste Krankheit sowie die Freisetzung sind daher miteinander in Verbindung zu bringen. Freisetzung wird dann gefährlich, wenn die Wahlmöglichkeiten und die Entscheidungsfreiheit als Überforderung angesehen werden. Viele Individuen sind mit dieser Verantwortung überfordert und landen in einer Depression.[154]

Freisetzung ist depressionsfördernd. Der Grund liegt darin, dass bei der Freisetzung „… keine vorgegebene gesellschaftliche Orientierung an Handlungswissen, Werten und Normen vorliegt."[155] Der dauernde Entscheidungszwang und die Tatsache, dass keine Orientierungshilfen hierfür zur Verfügung stehen, erzeugen Instabilität. Wenn diese Instabilität als Bedrohung gesehen wird, versucht sich der Mensch zu schützen, er versucht „… die Instabilität mittels individuell produzierter, positiver

153 Ebd., S. 176.

154 Ebd., S. 173–174.

155 Ebd., S. 181.

wie negativer Coping-Strategien zu bekämpfen."[156] Diese sogenannten Coping-Strategien geschehen unbewusst. Eine dieser Strategien ist die Flucht in Depression. Somit ist Depression eine Reaktion auf die Freisetzung.[157]

Deshalb hat die psychische Erkrankung auch einen Sinn. Sie verfolgt hauptsächlich zwei Zwecke:

„1. Aufgrund der Symptomatik, wie der Unfähigkeit zu reagieren, Störungen der Wahrnehmung und Wirklichkeitsentzug, kann der/die Depressive die Realität nicht mehr korrekt wahrnehmen ... 2. Depression ist gesellschaftlich klar definiert und über Diagnosekriterien klassifizierbar. Der/Die Depressive erhält ab dem Zeitpunkt seiner klassifizierten Krankheit einen Platz und eine Rolle in der Gesellschaft, die es ihm ‚erlaubt', die Realität nicht mehr bewältigen zu müssen ...."[158]

Depression bedeutet für die Betroffenen eine Art Befreiung. Durch die Diagnose wird dem Kranken innerhalb der Gesellschaft eine bestimmte Rolle zugeschrieben, welche erlaubt, die Realität nicht mehr bewältigen zu müssen. Depressiven wird nicht zugetraut Entscheidungen treffen zu können und deshalb wird es ihnen auch nicht abverlangt.[159]

2.6.5 Exkurs: Zahlen und Fakten zu Depression

Um die Verbreitung der Krankheit Depression zu verdeutlichen, hierzu einige Zahlen:

Laut WHOSIS, der Datenbank der WHO ergeben sich folgende Zahlen und Fakten:

- Die Krankheit Depression liegt weltweit auf den vierten Platz und wird nach Voraussagen 2020 bereits an zweiter Stelle sein.
- Von Depressionen sind beide Geschlechter, alle Altersklassen sowie alle Gesellschaftsschichten betroffen.
- Jeder vierte Mensch leidet einmal unter Depressionen und muss professionell behandelt werden.
- In den westlichen Gesellschaften erkranken doppelt so viele Frauen wie Männer an Depression.
- Seit 1915 sinkt das Durchschnittsalter für den Beginn der Krankheit kontinuierlich und liegt mittlerweile bei 27 Jahren.

---

156 Ebd., S. 180.

157 Ebd., S. 179-181.

158 Ebd., S. 183.

159 Ebd., S. 183-184.

- Die gefährdetste Altersgruppe ist die der 40- bis 54-jährigen.
- Nach Schätzungen leidet jeder fünfte an einer leichten oder schweren Depression. Egal zu welchem Zeitpunkt.

2.7 Medienkonsum

„Mittel zur Verbreitung von Informationen, d.h. für Kommunikationsmittel (z.B. Zeitung, Zeitschrift, Buch, Plakat, Hörfunk, Fernsehen, Film, Internet); oft synonym für → Massenmedien gebraucht. Unterschieden wird i.d.R. zwischen gedruckten M. (Print-M.) und elektronischen M., bei Letzteren zwischen auditiven M. (z.B. Hörfunk, Musikkassette, CD) und audiovisuellen M. (AV-M.), bei denen akust. und opt. Signale gleichzeitig übertragen werden (z.B. Fernsehen, Film, Video). Techn. Weiterentwicklungen in den 1990er-Jahren führten zur Digitalisierung des gesamten M.-Bereichs und zur Einführung multimedialer Formen (→ Multimedia) und digitaler M., von denen sich bes. das Internet zum Massenmedium entwickelte."[160]

Marcel Reich-Ranicki hat im Oktober 2008 für Aufsehen gesorgt, als er den Preis für sein Lebenswerk bei der Verleihung des Deutschen Fernsehpreises ablehnte. Er wollte damit die Qualität der Sendungen im Fernsehen kritisieren. Der Literaturkritiker erntete viel Zustimmung. Sogar seitens einer Moderatorin des ZDF. Elke Heidenreich, die das Magazin „Lesen!" moderierte, bemängelte - anlässlich Reich-Ranickis Verweigerung des Preises - öffentlich, „... wie jämmerlich unser Fernsehen ist, wie arm, wie verblödet, wie kulturlos, wie lächerlich."[161] Harsch war die Kritik und provozierend die Aussage: „Man schämt sich, in so einem Sender überhaupt zu arbeiten. Von mir aus schmeißt mich jetzt raus, ich bin des Kampfes eh müde."[162]

Wenn die eigenen Moderatoren der Sender auf die Barrikaden gehen, dann muss man sich doch fragen, wie schlecht es um den Inhalt der Fernsehprogramme steht. Der Fernseher und die Medien im Allgemeinen beeinflussen uns jeden Tag. Man spricht immer wieder von einer „Mediengesellschaft".

Meine Hauptaugenmerke bei der Diskussion über Medien lege ich auf diejenigen Aspekte, die unmittelbar mit den Folgen auf das soziale Ver-

160 Brockhaus: Medien. 21. Völlig neu bearb. Aufl. Leipzig, Mannheim: F.A. Brockhaus, 2006 (= Bd. 18), S. 112.

161 Deutsche Presse-Agentur: Elke muss sich nicht mehr schämen. ZDF trennt sich von Heidenreich: „Vertrauen nachhaltig zerstört" - Reich-Ranicki: „Naheliegend". In: Amberger Zeitung. Nr. 249 v. 24.10.2008, S. 3.

162 Ebd.

halten in Verbindung stehen. Bücher, Radio, Tonträger oder Zeitschriften und Zeitungen werden entweder eher weniger genutzt oder haben eigentlich keine negativen Auswirkungen auf das soziale Verhalten. Fernseher und Computer hingegen beeinflussen unsere Gesellschaftsmitglieder oftmals sehr negativ. Deshalb ist auch die Aufarbeitung dieser Medien, weil es ja um den Bezug zur Sozialen Arbeit geht, am wichtigsten und somit in den Vordergrund zu stellen.

2.7.1 Die „Mediengesellschaft"

Seit den späten 1980er und den 1990er Jahren entstand der Begriff „Mediengesellschaft" für die westliche Industriewelt. In Art und Umfang, wie noch nie zuvor, werden Medien in unserer Gesellschaft genutzt. Weder während Bücher im 19. Jahrhundert eine Hochkonjunktur erlebten, das Radio in den 1930er und 1940er Jahren die Wohnzimmer eroberte, noch in Indien, wo die meisten Filme produziert werden, war je von einer „Mediengesellschaft" die Rede. Heute wird eine breite Masse von Medien und mit ungeheurer Zeitintensivität genutzt. Es besteht mittlerweile die Gefahr, dass der Mensch den Medien ausgeliefert ist. Den Gesellschaftsmitgliedern droht, kontaktarm und passiv zu werden. Weiterhin wird gar von Wahrnehmungsentfremdung gesprochen. Hervorgerufen durch Fernseher und Computer, die unsere Wahrnehmung der Realität verzerren. Oft fällt auch das Schlüsselwort virtuelle Welt, die eine Welt abseits von menschlichen Kontakten beschreibt. Man kann sich heute den Medien nicht mehr entziehen, da sie allgegenwärtig sind.[163]

Fernseher, Computer und Co. können sinnvoll genutzt werden oder auch nicht. Fest steht nur, dass es unweigerlich eine Auseinandersetzung der Sozialen Arbeit mit der Medienwelt geben muss. Das Feld der Medienlandschaften ist schier unendlich und man könnte reihenweise Bücherregale mit dieser Thematik füllen. Da ich vom Standpunkt der Sozialen Arbeit diskutiere habe ich natürlich bestimmte Themenbereiche, auf die ich ein besonderes Augenmerk lege. Der Fernseher ist nach wir vor das Medium Nummer eins in ihrer Nutzung (siehe Gliederungspunkt „Nutzung der Medien"), aber der Computer holt immer mehr auf. Jugendliche und Kinder verbringen Stunden vor diesen Geräten. Wie werden also die Medien, insbesondere Fernseher und Computer, genutzt und wie könnte man sie sinnvoller nutzen? Eine Frage der sich die Soziale Arbeit und die Medienpädagogik stellen muss.

---

163 Mettler- v. Meibom, B. & Eurich, C. (Hrsg.): Einsamkeit in der Mediengesellschaft. Münster: Lit, 1996 (Kommunikationsökologie, Bd. 1), S. 57–59.

2.7.2 Nutzung der Medien

Wie werden die Medien genutzt

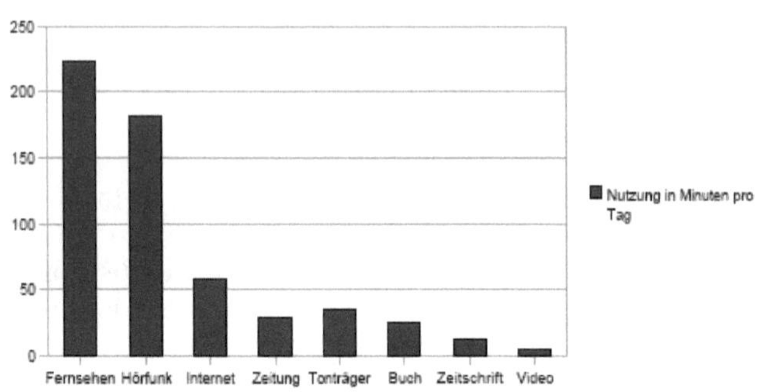

[164]

Diese Grafik wurde in einer Vorlesung während meiner Studienzeit an der Hochschule Regensburg verwendet und diskutiert. Meine Quelle der folgenden Aussagen und Erörterungen zu diesem Diagramm beziehen sich also auf die Diskussionen im Seminar Öffentlichkeitsarbeit.

Das Balkendiagramm zeigt die Nutzungsdauer pro Tag der verschiedenen Medien eines Durchschnitts-Deutschen. Die Gesamtnutzungsdauer aller Medien am Tag beträgt 565 Minuten. Neun Stunden und 25 Minuten üben Medien auf unseren Alltag also Einfluss.

Sofort ersichtlich wird, dass das Fernsehen und der Hörfunk weit vorne liegen. 223 Minuten pro Tag sieht der Deutsche fern. In einer Gesellschaft, in der immer viel über Zeitmanagement und Zeitmangel philosophiert wird, muss es doch verwundern, dass knappe vier Stunden am Tag für die Flimmerkiste geopfert werden. Mit ein Grund für diesen hohen Wert ist sicherlich der Fakt, dass der Fernseher mittlerweile als Nebenbei-Medium genutzt wird. Sprich, der Fernseher läuft während andere Aktivitäten stattfinden. Sei es bügeln, kochen oder andere Dinge. Weiterer ausschlaggebender Punkt für diesen extrem hohen Durchschnittswert ist die Tatsache, dass es in Deutschland eine hohe Arbeitslosenzahl gibt. Diese hat natürlich Auswirkungen auf den Fernsehkonsum, wie sich unschwer denken lässt.[165]

Wollen wir diesen Durchschnittswert einmal hochrechnen. Pro Tag 223 Minuten Fernsehkonsum ergibt im Monat (bei 30 Tagen) 6.690 Minuten,

---

164 Höhne, S.: Vorlesung Öffentlichkeitsarbeit, 07.11.2008, Hochschule Regensburg.

165 Ebd.

also 111,5 Stunden. Auf das Jahr gerechnet sind es schon rund 1.357 Stunden. Dies entspricht 56,52 Tage. Gehen wir nun davon aus, dass jemand 75 Jahre alt wird und seit seinem 15. Lebensjahr fern sieht, so sitzt dieser knapp 3.448 Tage oder anders gesagt 9,45 Jahre vor dem Fernseher. Was man in dieser Zeit alles tun könnte, kann man sich selbst ausmalen. Ein wirklich schockierender Wert.

Der Hörfunk hat mit einer täglichen Nutzungsdauer von 181 Minuten den zweithöchsten Wert. Radio kann fast überall und immer nebenbei genutzt werden, daher erklärt sich die hohe Nutzungsdauer.[166]

Das Internet scheint mit 58 Minuten nur wenig im Vergleich zu Fernseher und zu Hörfunk genutzt zu werden. Jedoch sollte man sich von diesem vermeintlich niedrigen Wert nicht täuschen lassen. Grund für eine Nutzungsdauer von „nur" 58 Minuten ist in erster Linie, dass das Internet bisher hauptsächlich nur von der jüngeren Generation genutzt wurde, während Fernseher und Radio bei allen Altersgruppen Zuspruch findet. Nichtsdestotrotz wird das Internet mittlerweile auch immer mehr von älteren Menschen in Anspruch genommen. Die Dauer, wie oft im World Wide Web „gesurft" wird, steigt stetig an. Eben weil es mittlerweile auch diejenigen benutzen, die nicht mit diesem Medium aufgewachsen sind. Außerdem ist es ja mittlerweile möglich, über das Internet auch Radio zu hören, Bücher zu lesen oder fern zu sehen.[167]

Die folgende Tabelle zeigt die Entwicklung der durchschnittlichen Nutzungsdauer von Fernsehen, Radio und Internet im Zeitraum 1997 bis 2008.

Durchschnittliche Nutzungsdauer von Fernsehen, Radio und Internet 1997 bis 2008
In Min/Tag

	1997	1998	1999	2000	2001	2002	2003	2004	2005	2006	2007	2008
Nutzungsdauer Fernsehen (Mo-So) 1)	196	201	198	203	209	214	221	230	231	235	225	225
Nutzungsdauer Hörfunk (Mo-So) 2)	175	179	209	205	204	199	195	196	193	186	185	186
Nurzungsdauer Internet (Mo-So) 3)	2	4	8	17	26	35	45	43	46	48	54	58

1) AGF/GfK: jeweils 1. Halbjahr.
2) MA 98/I, MA 99, MA 2000, MA 2001/I, MA 2002/I, ma 2003/I, ma 2004/I, ma 2005/I, ma 2005/II, ma 2006/II, ma 2007/II, ma 2008/I.
3) ARD-Onlinestudie 1997, ARD/ZDF-Onlinestudien 1998-2008.
Basis: Onlinenutzer ab 14 Jahren in Deutschland (2008: n=1186, 2007: n=1142, 2006: n=1084, 2005: n=1075, 2004: n=1002, 2003: n=1046, 2002: n=1011, 2001: n=1001, 2000: n=1005, 1999: n=1002, 1998: n=1006, 1997: n=1003).
Quellen: ARD-Onlinestudie 1997, ARD/ZDF-Onlinestudien 1998-2008. [168]

Alle drei Medien haben bei der Dauer ihrer Nutzung im Vergleich zu 1997 zugenommen. Mit kleinen Schwankungen aber dennoch stetig,

---

166 Ebd.

167 Ebd.

168 Frees, B. & van Eimeren, B.: Internetverbreitung: Größter Zuwachs bei Silver-Surfern. Ergebnisse der ARD/ZDF-Onlinestudie 2008. Fachzeitschrift Media Perspektiven. Jg. 2008, S. 330–344, hier S. 343.

stieg der Wert beim Fernsehkonsum. Das Radio zeigt in den letzten Jahren eine hohe Stagnation, mit nur minimalen Abweichungen.

Die Zeitung wird seit über 20 Jahren - immer konstant - im Schnitt rund 30 Minuten am Tag gelesen. Die Zeitschrift mit 12 Minuten am Tag, ist weit entfernt davon, ein viel genutztes Medium zu sein. Zeitschriften beziehen ihre Beliebtheit und ihre Abnahme davon, dass sie durch Klatsch und Tratsch die Leute ansprechen. Gegen die vielen Sendungen im Fernsehen und die schier unendlichen Möglichkeiten des Internets kommt die Zeitschrift heutzutage nicht mehr an.[169]

Eine richtige Explosion bei der Nutzungsdauer hat das Internet erlebt. Innerhalb von elf Jahren - von 1997 bis 2008 - ist die tägliche Nutzung von zwei auf 58 Minuten gestiegen. Während man in den ersten Jahren noch den Boom des Internets verfolgen kann, in dem sich die Werte die ersten vier Jahre jeweils verdoppelten, kann man seit einigen Jahren einen stetig konstanten Anstieg beobachten.

Das Internet ist also auf dem Vormarsch. Auch wenn es noch weit abgeschlagen an dritter Stelle liegt, muss man doch die weitere Entwicklung bedenken, die viel Luft nach oben zu haben scheint.

Das Internet ist das Medium, dass immer mehr an Beliebtheit gewinnt. 1983 wurde es noch von Wissenschaftlern genutzt und war sehr schwer zu bedienen. Der Brite Tim Berner-Lee entwickelte 1991 den World Wide Web (WWW) Standard, der die Bedienbarkeit erheblich vereinfachte. Zwei Jahre später wurde dieser WWW-Standard zur kostenlosen Nutzung freigegeben. Anfangs waren es überschaubare 500 Internetseiten, die man im Netz anklicken konnte. Das hört sich nahezu mickrig an, wenn man diese mit den 45 Millionen registrierten Domains im Jahr 2007 vergleicht. Das sind dann auch nur die registrierten Internetseiten. Nach Schätzungen gibt es zwischen sechs und acht Milliarden. Die Nutzung dieses Mediums ist innerhalb weniger Jahre explodiert. 1997 waren nur 6,5 Prozent der erwachsenen Menschen ab 14 Jahren in Deutschland online. Dieser Wert hat sich bis 2006 fast verzehnfacht.[170]

---

169 Höhne, a.a.O.

170 ARD/ZDF-Medienkommision (Hrsg.): Internet zwischen Hype, Ernüchterung und Aufbruch. 10 Jahre ARD/ZDF-Onlinestudie. Baden-Baden: Eigenverlag, 2007, S. 2.

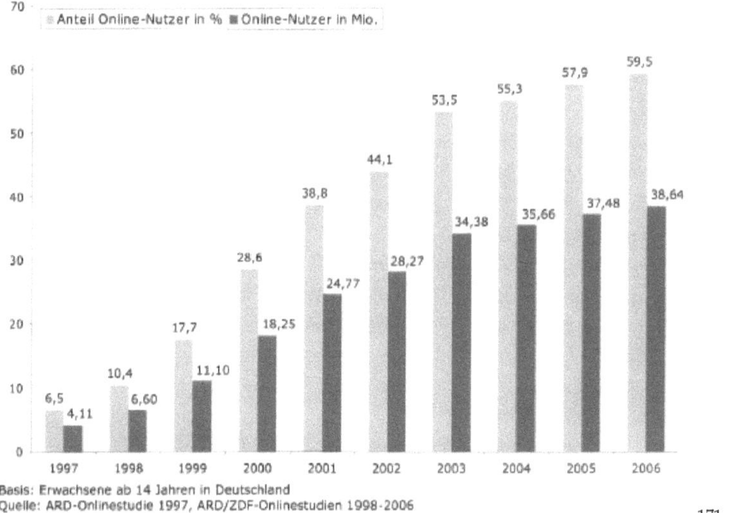

[171]

Nicht verwunderlich ist die Tatsache, dass das Internet am meisten von den 14- bis 19-Jährigen genutzt wird. 97,3 Prozent in dieser Altersgruppe sind online, also fast jeder. Bei den Über-60-jährigen nutzt hingegen nur jeder fünfte das Internet. Während das Wachstumspotenzial bei den jungen Leuten ausgeschöpft ist, hat die ältere Generation der Internetnutzer - die sogenannten „Silver Surfer" - noch viel Nachholbedarf.[172]

---

171 Ebd.

172 Ebd., S. 4.

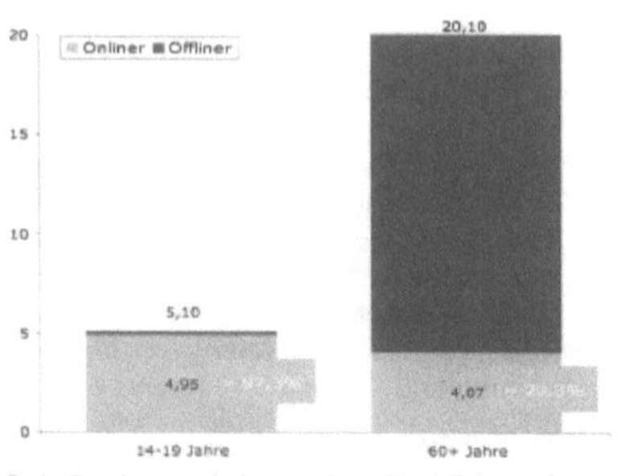

[173]

Doch man darf sich nicht täuschen lassen. Die „Silver Surfer“ haben kräftig aufgeholt. 1997 nutzten lediglich 0,1 Millionen, 2001 1,5 Millionen und 2006 schon 4,1 Millionen der Über-60-jährigen das Internet. Ein rasanter Anstieg ist zu verzeichnen. Nicht zuletzt, da einerseits die Anwendung immer einfacher wird und andererseits ein gewisser gesellschaftlicher Druck entsteht. Überall wird auf Internetseiten verwiesen. In vielen Lebens- und Alltagslagen ist man mittlerweile auf das World Wide Web angewiesen. Kein Wunder also, dass die Anzahl der „Silver Surfer“ steigt.[174]

Nicht nur von immer mehr Menschen, sondern auch immer zeitintensiver wird im Netz gesurft, gechattet und kommuniziert. An 4,8 Tagen pro Woche geht der Internet-Anwender online. Im Vergleich: 1997 waren es noch 3,3 Tage. Das Internet wird immer mehr Teil des Alltages und pirscht sich an die Medien Radio und Fernsehen heran. Doch nicht nur die Häufigkeit, wie oft in der Woche im Netz gesurft wird, steigt, sondern auch die Verweildauer. Zwischen 1997 und 2006 stieg diese um 43 Minuten pro Tag, von 76 auf 119. Also fast zwei Stunden. Vorsicht ist bei diesem Wert dennoch geboten, denn es wurde hier nur die Gruppe der Internetnutzer berücksichtigt. Diejenigen die offline bleiben, wurden nicht mit eingerechnet. Sonst wäre der Wert geringer ausgefallen (siehe dazu im Vergleich den Gliederungspunkt „Nutzung der Medien“). Je jünger die Internetnutzer sind, desto höher ist die Dauer der Nutzung. Mit Surfen, Chats, Downloads und Computerspielen werden von Jugendlichen vor allem zeitintensive Angebote genutzt. Ältere Internet-

173 Ebd.

174 Ebd.

Nutzer verwenden das Internet hauptsächlich, um Informationen zu bekommen, zur Kommunikation und für das Abrufen von Service- Angeboten.[175]

Häufigkeit der Onlinenutzung pro Woche
Angaben in Tagen

	1997	2000	2002	2004	2006
Gesamt	3,3	4,5	4,5	4,2	4,8
Geschlecht					
Frauen	2,9	3,9	3,9	3,8	4,4
Männer	3,5	4,9	4,8	4,6	5,1
Altersgruppen					
14-29 Jahre	3,1	4,1	4,8	4,4	5
30-49 Jahre	3,4	4,7	4,4	4,3	4,8
50+ Jahre	3,7	5	4,4	3,9	4,6

Basis: Onlinenutzer ab 14 Jahren in Deutschland
Quelle: ARD-Onlinestudie 1997, ARD/ZDF-Onlinestudien 2000, 2002, 2004, 2006 [176]

Tägl. Verweildauer bei der Onlinenutzung
Angaben in Minuten

	1997	2000	2002	2004	2006
Gesamt	76	91	121	129	119
Geschlecht					
Frauen	76	75	110	102	93
Männer	75	100	128	149	139
Altersgruppen					
14-29 Jahre	86	101	142	168	150
30-49 Jahre	72	88	122	115	116
50+ Jahre	59	79	71	95	89

Basis: Onlinenutzer ab 14 Jahren in Deutschland
Quelle: ARD-Onlinestudie 1997, ARD/ZDF-Onlinestudien 2000, 2002, 2004, 2006 [177]

---

175 Ebd., S. 10.

176 Ebd.

177 Ebd.

2.7.3 Folgen und Gefahren

Konkrete Darstellung anhand einer Studie

Das Kriminologische Forschungsinstitut Niedersachsen (KFN) untersuchte 2005 den Zusammenhang zwischen schulischer Leistung und Medienkonsum. Es wurden dabei 6.000 Viertklässler und 17.000 Neuntklässler zu ihrer Mediennutzung, ihrer Familie, ihrem Freizeitverhalten und ihrem schulischen Umfeld befragt. Anreiz für diese Untersuchung war laut KFN die Leistungskrise in der Schule bei Jungen. Dies zeigt sich zum Beispiel anhand der Tatsache, dass es immer mehr Abiturientinnen als Abiturienten gibt. Während 1990 das Verhältnis ziemlich ausgewogen war, klafft dieses Verhältnis mittlerweile weit auseinander. 2004 lag die Differenz bereits bei 14 Prozent.[178]

Abbildung 2: Abiturienten getrennt nach Geschlecht (in Prozent – Quelle: Statistisches Bundesamt)

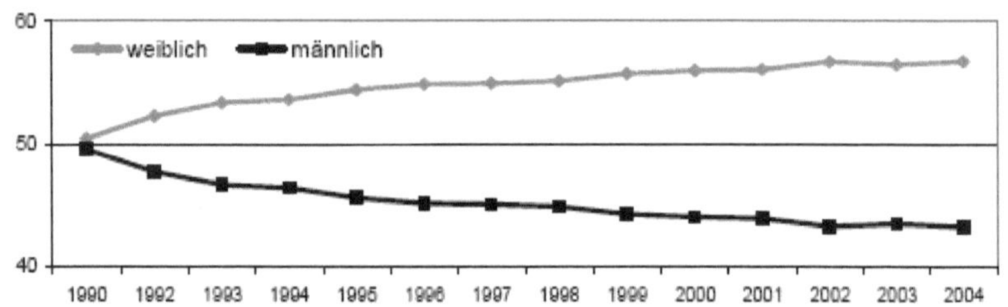

179

Aber nicht nur bei den Abiturienten, sondern auch schon in der vierten Klasse ist der Unterschied der Leistungen zu beobachten. Dies zeigt sich anhand der Schullaufbahnempfehlungen. Mädchen wird signifikant oft der Übertritt ins Gymnasium geraten. Jungen wird hingegen eher die Hauptschule ans Herz gelegt (siehe Abbildung 3). Doch nicht nur der Unterschied bei Geschlechtern ist festzustellen, sondern auch bei den Regionen. Süddeutsche Kinder scheinen schlauer zu sein als norddeutsche. Doch woran liegt das?[180]

---

178 Pfeiffer, C.: Mediennutzung, Schulerfolg, Jugendgewalt und die Krise der Jungen. In: Zeitschrift für Jugendkriminalrecht und Jugendhilfe (2006), S. 295–296.

179 Ebd., S. 296.

180 Ebd., S. 297.

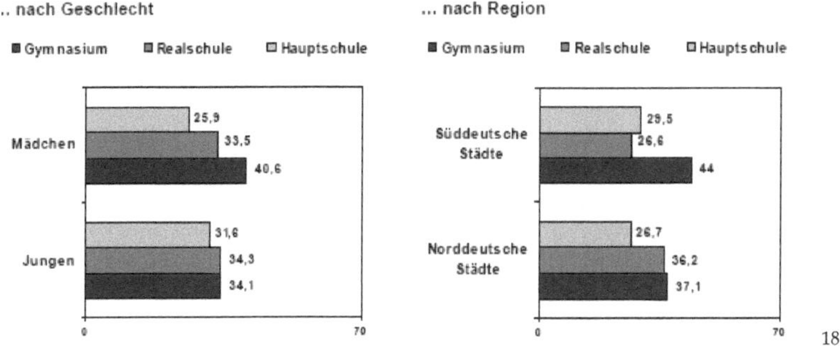

[181]

Gibt es einen Zusammenhang zwischen medialen Einfluss und schulischen Leistungen? Ich werde im Folgenden nur einige beispielhafte Untersuchungsergebnisse präsentieren, die jedoch sehr aussagekräftig sind.

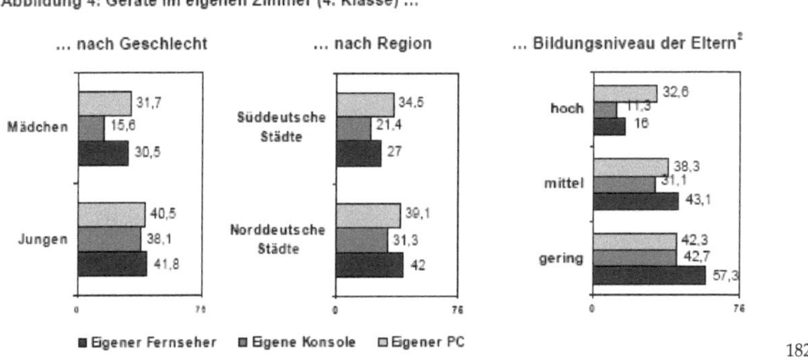

[182]

Die Abbildung 4 zeigt, welche Gruppen einen Computer, einen Fernseher oder eine Konsole im eigenen Zimmer haben. Die Grafik spricht für sich selbst. Geräte im eigenen Zimmer besitzen demnach Jungen öfter als Mädchen, Norddeutsche öfter als Süddeutsche und Kinder deren Eltern ein geringes Bildungsniveau haben öfter als Kinder, deren Eltern ein hohes Bildungsniveau haben. Wie wirkt sich diese Situation des eigenen

181 Ebd.

182 Ebd., S. 298.

Gerätes aber aus? Sowohl auf die Dauer und den Inhalt des Medienkonsums, lautet die Antwort. Kinder ohne eigenen Fernseher sehen Werktags rund 70 Minuten fern. Bei Kindern mit Flimmerkiste sind es hingegen mehr als zwei Stunden. Der gleiche Zusammenhang ist bei der Spielkonsole festzustellen. Werktags 20 Minuten länger spielt das Kind, das eine Konsole besitzt. Insgesamt über 50 Minuten. Ein eigener Fernseher bedeutet auch, dass die Eltern weniger überwachen können, was ihr Nachwuchs ansieht. Wer ein eigenes TV-Gerät hat, sieht mehr als doppelt soviel Filme, die erst ab 16 Jahren freigegeben sind oder keine Jugendfreigabe haben (15,5% zu 32,5%). Noch drastischer fällt das Ergebnis bei Spielkonsolen aus. Vier mal so häufig werden Spiele mit Gewaltinhalten oder anderen jugendgefährdenden Inhalten von Kindern mit eigener Spielkonsole gespielt. All diese Ergebnisse beziehen sich auf 10-Jährige.[183]

Die Zeit in denen die Medien genutzt werden, wird für sinnvolle Beschäftigungen hergeschenkt. In dieser Zeit kann nicht mehr „... gelesen, Hausaufgaben gemacht und kreativen Beschäftigungen nachgegangen werden."[184] Die Gestaltung der Freizeit wirkt sich auf den Erwerb sozialer Kompetenzen, auf die körperliche und psychische Gesundheit sowie auf schulische und berufliche Erfolge aus. Übermäßige Nutzung der Medien schadet uns also. Der erste deutsche Kinder- und Jugendsportbericht hat herausgefunden, dass es eine Leistungsabnahme im physiologischen Bereich im Jahre 2000 gegenüber 1975 um zehn Prozent gegeben hat.[185]

Ebenfalls einen Zusammenhang konnte bei Neuntklässler, zwischen den Schulnoten und der Nutzung der Medien festgestellt, werden. Ob man die Fernsehzeiten, die PC- und Videozeiten oder den Gerätebesitz der 16- bis 18-Jährigen unter die Lupe nimmt, es kristallisieren sich eindeutige Ergebnisse heraus. Ein Unterschied von rund einer halben Notenstufe in Deutsch ist beim Besitz von Geräten im eigenen Zimmer und bei häufigem Fernsehkonsum das Resultat. In Sachkunde sind die Ergebnisse fast deckungsgleich und in Mathematik ist die Kluft zwar geringer, aber dennoch eindeutig. Bei PC- und Videospielen sind die Abweichungen der Schulnoten nicht so groß wie bei den beiden anderen Untersuchungsmerkmalen, aber immer noch deutlich. Wer also Medien im eigenen Zimmer stehen hat und diese auch nutzt hat erheblich schlechtere Karten in der Schule.

---

183 Ebd.

184 Ebd., S. 303.

Mediennutzung, Schulerfolg, Jugendgewalt und die Krise der Jungen 12

Abbildung 11: Abweichungen der Schulnoten in Deutsch, Sachkunde und Mathematik vom Klassendurchschnitt nach Gerätebesitz und Medienzeiten (Abweichung nach unten bedeutet SCHLECHTERE Leistung)

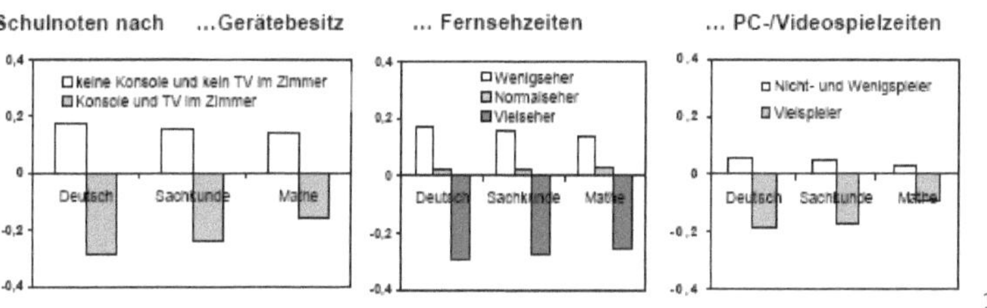

[186]

Die Studie sollte einen Einblick in das Ursachen-Wirkungsverhältnis bei der Nutzung von Fernseher, Nintendo Wii und Co. geben. Natürlich will ich weitere Folgen und Auswirkungen des Medienkonsums nicht unter den Tisch kehren, sondern auch diese diskutieren. Möglich ist dies jedoch nur in allgemeinerer Form als bei dem vorangegangenen Beispiel.

Auswirkungen und Folgen - Allgemein

Gefährlicher Fernsehkonsum

Folgende Beispiele die dargestellt werden, zeigen Extreme, wenn die Fernsehprogramme direkt Einfluss auf den Menschen haben. Vor allem für Kinder, denen unbegrenzt Zugang zum Fernseher gewährt wird, kann dies fatale Folgen haben.

Einige Fälle dazu, bei denen es bei Nachahmungen zu tragischen Ereignissen kam:

1. Ein achtjähriger Junge aus Norwegen starb, da er einen Werbespot nachahmen wollte. In der Werbung ist ein Cowboy zu sehen, der am Galgen hängt. Dieser konnte sich aus dieser brenzligen Lage retten. Nachdem er dem Galgen unverletzt entkommen ist, griff er zu einem Schokoriegel und verzehrte diesen. Gleiches wollte der Junge in einem Treppenhaus nachstellen.[187]

---

185 Ebd.

186 Ebd., S. 306.

187 Glogauer, W.: Die neuen Medien machen uns krank. Gesundheitliche Schäden durch Medien-Nutzung bei Kindern, Jugendlichen und Erwachsenen. Weinheim: Deutscher Studien Verlag, 1999, S. 40.

2. Ultraman ist eine Zeichentrickfigur aus China, die ein achtjähriger chinesischer Junge verehrte. Der kleine Junge nahm einen Regenschirm und sprang aus dem vierten Stock, da er dachte fliegen zu können, wie auch sein Vorbild. Das Kind ist gestorben.[188]

3. In einem Kindergarten versuchte ein vierjähriges Mädchen einen Jungen den Penis mit einer Schere abzuschneiden. Das Geschlechtsteil des Jungen musste genäht werden. Das Mädchen hat im Fernsehen gesehen, dass eine Frau ihrem Mann den Penis abgetrennt hatte, nachdem sie vergewaltigt wurde.[189]

Natürlich sind dies nun alles Einzelfälle von besonderer Schwere. Jedoch zeigen diese Beispiele wie der Fernseher die Menschen und vor allem Kinder beeinflusst. Kinder lernen durch Nachahmungen und der Fernseher ist hier nicht die beste Plattform, mit ihrer marktorientierten Programmauswahl.

Störungen der psychomotorischen und sprachlichen Entwicklung

Die Entwicklung der Körpermotorik, der Sinne und die geistige Entwicklung sind unmittelbar miteinander verbunden. Je besser die motorische beziehungsweise psychomotorische Entwicklung ist, desto besser sind auch die Entwicklungen in den anderen Bereichen. Kinder benötigen eine Umgebung die all dies fördert. Am besten ist dabei immer noch das spielen in der freien Natur, da dies Vorstellungskraft und Phantasie anregt. Besorgniserregend ist, dass sich die ganze Spielkultur verändert hat. In der Vergangenheit dominierten Spiele, welche die Motorik nachhaltig förderten. Hüpf-, Lauf-, Spring- und Fangspiele, das fahren auf Dreirädern oder das spielen mit Schussern und Kreiseln waren nur einige der vielen Spiele von Kindern. Heute tritt anstelle dieser Tätigkeiten der Fernseher sowie Lern- und Spielecomputer. Die Entwicklung der Bewegungsmotorik und der Sinne leidet darunter natürlich.[190]

Einsamkeit

Durch den hohen Medienkonsum kommt es zu Kommunikationsproblemen. Sowohl individuell als auch kollektiv. Natürlich muss beachtet werden, dass nicht die Medien alleine die Schuld an der Kommunikationsmisere tragen. Industrialisierung und hohe Arbeitslosigkeit haben einen gewichtigen Anteil an den Problemen. Doch hier soll vor allem der Zusammenhang zwischen Medien und den Veränderungen in der Kommunikation untersucht werden. Kommunikative Probleme be-

---

188 Ebd., S. 41.

189 Ebd.

190 Ebd., S. 48–50.

deuten auch immer soziale Probleme. Der Austausch mit anderen Personen ist nun mal eine soziale Handlung. Schnell kann es passieren das solche Probleme in Einsamkeit und Isolierung enden, verantwortet von den Medien. Der Fernseher manipuliert den Zuschauer so, dass man denkt in einer Handlung zu sein. Wie bei Talk-Shows, in der man immer auf seine parasozialen Freunde treffen kann.[191]

Eine weitere große Gefahr zu vereinsamen besteht bei Computerspielen und im Internet. Die beiden Medien führen zu immer weniger realen Lebenserfahrungen, vor allem bei Kindern und Jugendlichen. Virtuelle Erfahrungen und Welten ersetzen immer mehr die realen. Sehr gefährlich sind hierbei Computerspiele. Ein gutes Beispiel ist das Rollenspiel WOW, was für World of Warcraft (also übersetzt Welt der Kriegskunst) steht. Das Problem bei solchen Spielen ist, dass es wenig fördernd für Jugendliche ist und soziales Verhalten und echte soziale Beziehungen beeinträchtigt. Das Prinzip solcher Spiele lautet: „Je weniger ich beim Spielen denke, je bedenkenloser ich die Vorgaben der Programme adaptiere und je länger ich auf diese Weise spiele, umso besser werde ich."[192] Dies führt dann natürlich zu sozialen Problemen. Das Erfolgssystem solcher Computerspiele ist, dass die Dauer des Spielens darüber entscheidet, wie gut man ist. Im realen Leben ist das aber nicht so einfach. Wer Probleme in der Schule oder mit den Eltern hat kann diese nicht einfach dadurch lösen, dass er länger im Klassenzimmer oder Wohnzimmer sitzen bleibt. Durch WOW und ähnliche Spiele kommt es dazu, dass man sich aufgrund des Spielprinzips und der aufgewendeten Spielintensivität immer mehr von einem realen Lebensbezug entfernt und in eine virtuelle Welt gedrängt wird. Computerspiele führen vorwiegend bei Jungen zu einem Rückzug in virtuelle Lebensbereiche. Bei Mädchen sind es vor allem die Kommunikationsmöglichkeiten im Internet, die reale durch virtuelle Erlebnisse ersetzen. Chatrooms bieten viel Raum zur Kommunikation. Äußerlichkeiten werden völlig ausgeblendet. Man tritt hier anonym auf und nur über den geschriebenen Text lässt sich jemand beurteilen. Wenn jemand Probleme in seiner realen sozialen Umgebung hat und womöglich sehr zurückgezogen lebt, findet er in Chatrooms neue Freunde und soziale Kontakte. Dies führt natürlich dazu, dass ein noch weiterer Rückzug aus der Realität erfolgt. Ein weiteres nicht zu unterschätzendes Risiko ist, dass es schon oft zu Verbrechen an Kindern und Jugendlichen gekommen ist, die allzu offen und vertrauenswürdig im Internet agiert haben.[193]

---

191 Mettler- v. Meibom, Einsamkeit in der Mediengesellschaft, a.a.O. S. 61–63.

192 Buermann, U.: Kinder und Jugendliche zwischen Virtualität und Realität. In Zs: Aus Politik und Zeitgeschichte 39 (2008), S. 40.

193 Ebd., S. 34–40.

2.8 Konsumgesellschaft

„... Verbrauch von Gütern (Sachgüter und Dienstleistungen) zur Steigerung des menschl. Wohlergehens. K. in diesem weiten Sinne gilt als letzter Zweck allen Wirtschaftens. I.e.S. wird unter K. nur die Verwendung des Einkommens von Konsumenten für den Erwerb von K.-Gütern auf dem Markt verstanden."[194]

Das Tier ist zufrieden! Vorausgesetzt es kann die körperlichen Bedürfnisse nach Essen, Trinken und beim Sexualtrieb befriedigen. Beim Menschen reicht das nicht aus, damit er glücklich ist. Für ihn spielen andere Dinge ebenso eine wichtige Rolle.[195]

Ein bekannter biblischer Spruch lautet: „Der Mensch lebt nicht vom Brot allein", und kann es auch nicht, wenn er gesund sein will. Ich lasse hier alle biblischen Hintergründe dieses Satzes außen vor, nehme ihn jedoch, weil er mir hier so passend erscheint. Genau dieser Satz zeigt auf, warum der Mensch psychisch krank wird, weil er einfach nicht alleine vom Brot - im bildlichen Sinne natürlich - leben kann, sondern viel mehr benötigt um eine gesunde Psyche entwickeln und stabilisieren zu können.

2.8.1 Historischer Kontext

Wie kommt es dazu, dass man heute von einer Konsumgesellschaft spricht? Wie hat sich das Kaufverhalten aus historischer Sicht verändert? Ein kurzer geschichtlicher Anriss hierzu:

Beim Konsum gilt es zu Unterscheiden zwischen dem Notwendigen und dem Überfluss, oder anders gesagt: dem Luxus. Doch was ist notwendig und was überflüssig? Ein Wandel hat sich vollzogen. Einige Luxusgüter sind zu Massengütern und mit der Zeit zur Selbstverständlichkeit geworden. So zum Beispiel Kaffee, Tee, Butter, Schokolade oder Gewürze. Solche Güter haben sich in der historischen Entwicklung von Luxus- zu Alltagsgegenständen gewandelt. Doch das ist noch nicht alles. Fernseher, PC, Telefon und Handy sind aus fast keinen Haushalt mehr wegzudenken. Dabei hat sich auch die Kritik in Bezug auf den Massenkonsum verändert. Stimmen, die einen kulturellen Verfall durch den maßlosen Konsum befürchteten sind heute fast verstummt. Die Kritik geht nunmehr viel energischer in Richtung Ressourcenverschwendung, Umweltzerstörung und Gesundheitsgefährdung. Viele Ressourcen werden aufgrund ihrer Verschwendung rar. Die Umwelt leidet unter der großen

---

194 Brockhaus: Konsum. 21. Völlig neu bearb. Aufl. Leipzig, Mannheim: F.A. Brockhaus, 2006 (= Bd. 15), S. 474.

195 Fromm, Wege aus einer kranken Gesellschaft, a.a.O., S. 28.

Produktion von Müll und Schadstoffen und folglich auch die Gesundheit.[196]

Luxusgüter haben sich in unserer Gesellschaft als alltägliche Waren etabliert. Die Entwicklung des Konsums hat sich dorthin gehend entwickelt, dass der Normalbürger einen so hohen Lebensstandard pflegt, wie die Oberschicht des 19. Jahrhunderts. Dabei genügt ein einfacher Blick auf das Reiseverhalten der Menschen. Das Konsumverhalten hat sich durch den Wohlstand der Gesellschaft weiterentwickelt. Nicht mehr lediglich auf die Stillung der Bedürfnisse ist das Hauptaugenmerk der Konsumenten gelenkt, sondern ein ästhetischer Bezug zum Produkt hat sich entwickelt. Kleidung muss erotisch, Essen exotisch und Autos müssen elegant sein. Auch Marken sind in der heutigen Zeit von großer Bedeutung. Nicht mehr nur das Produkt zählt, sondern auch der Name ist für einen Kauf ausschlaggebend. Nicht verwunderlich, dass die Menschen sich viele Freiheiten herausnehmen und sich viel Luxus gönnen, da es der Markt ihnen erlaubt. Es gibt mittlerweile kaum noch Waren, die saisonabhängig angeboten werden. Die meisten Produkte sind das ganze Jahr erhältlich. Die Öffnungszeiten der Geschäfte werden immer länger und nicht einmal vor den Jahreszeiten lässt sich die Konsumgesellschaft beeinflussen, wenn deren Akteure zum Beispiel über Weihnachten in der Sonne Urlaub machen.[197]

2.8.2 Der Haben Mensch

Der Mensch hat das Handicap, immer mehr Haben zu wollen. Denn dieses Habenwollen führt zu Problemen beim Individuum, wenn man die Gesellschaft betrachtet und zu Problemen im internationalen Bereich bei der Betrachtung der Nationen. Die Natur hat bei den physiologischen Bedürfnissen Grenzen gesetzt. Jeder Hunger und jeder Durst ist einmal gestillt und auch jeder sexuelle Trieb kann befriedigt werden. Aber im Konsum von Waren scheinen wir unersättlich zu sein. Die Industrie beeinflusst dieses Denken und Habenwollen. Es wird suggeriert, dass Besitz glücklich macht, während immer neue Bedürfnisse geschaffen werden. Ein Auto oder gar ein kleines Auto reicht nicht mehr aus. Es müssen zwei sein oder zumindest ein großer Wagen. Hat man dies, kommt der Wunsch nach einer eigenen Yacht und einem eigenen Flugzeug.[198]

---

196 Reith, R.: Einleitung. "Luxus und Konsum" - eine historische Annäherung. In: Reith & Meyer 2003, S. 5-12.

197 Harnisch, E.: Konsumgesellschaft und Säkularisierung. Die Signaturen der zweiten Hälfte des 20. Jahrhunderts. In: Reith & Meyer 2003, S. 238-239.

198 Funk, Rainer (Hrsg.): Erich Fromm. Die Kunst des Lebens. Zwischen Haben und Sein. Jubiläumsausgabe. Freiburg im Breisgau: Herder, 2007, S. 44.

Der Konsum führt aber nicht zwangsläufig zu Glück und zu dem Gefühl zufrieden zu sein. Eher das Gegenteil ist der Fall. Das ist eines unserer großen gesellschaftlichen Probleme.

Gold alleine macht nicht glücklich. Erst recht nicht satt. Ein Mythos besagt, dass König Midas den Wunsch hegte, alles solle zu Gold werden, wenn er es berührt. Der Wunsch ging in Erfüllung. Der Herrscher starb, weil er verhungerte.[199]

Es zeigt sich in diesem Mythos, dass nicht das Sein, sondern das Haben an die erste Stelle für Zufriedenheit und Glück rückt und das ist ein Fehler. Durch den Konsum und das Haben erreicht man diese Ziele nicht. „Um … mit Marx zu sprechen: Der reiche Mensch ist der Mensch, der viel ist, und nicht der Mensch, der viel hat!"[200]

„Der Mensch ist dabei,

ein homo consumens,

ein totaler Konsument zu werden."[201]

Der Mensch als homo consumens, so nennt ihn Fromm. Die Gründe für das schon zwanghafte konsumieren sind vielfältig. Angst, Langeweile und Entfremdung führen dazu. Nun wird das ständige und maßlose konsumieren aber nicht als Krankheit empfunden, obwohl es sich nach Fromm um eine seelische Erkrankung handelt. Ein Begriff beschreibt die Problematik sehr gut: „Pathologie der Normalität."[202] Eine Krankheit ist nach dem menschlichen Verständnis ein Zustand, bei dem man kränker ist als die anderen. Sind jedoch alle von einer Krankheit betroffen, weicht das Bewusstsein der Krankheit einer allgemeinen Akzeptanz und Selbstverständlichkeit. Die Wirtschaft unterstützt das Konsumverhalten, denn ohne dieses Verhalten würde sie nicht bestehen können. Die Wirtschaft mit ihrer Produktion ist abhängig von Nachfrage und Kauf. Im 19. Jahrhundert galt es als unmoralisch, sich etwas zu leisten, obwohl man das Geld dazu noch nicht hatte. Heute wird ohne Bedenken gereist und gekauft und danach in Raten abgezahlt.[203]

2.8.3 Entfremdung

Vor allem historisch betrachtet versteht man unter Entfremdung „...die Verehrung eines Idols, die götzendienerische Anbetung Gottes, die ab-

---

199 Ebd., S. 71.

200 Ebd., S. 76.

201 Ebd., S. 79.

202 Ebd., S. 81.

203 Ebd., S. 79–82.

göttische Liebe zu einem anderen Menschen, die Verehrung des politischen Führers oder des Staates und die götzendienerische Verehrung der Äußerungen irrationaler Leidenschaften."[204]

Somit sind die Menschen die sich unterwürfig zeigen nicht mehr eigener Herr der Lage, vielmehr sind sie abhängig von äußeren Einflüssen. Erfolge, Misserfolge, einfach alle Handlungen werden nicht mehr als selbst herbeigeführt gesehen, sondern sind von außen her - zum Beispiel vom Staat oder von der Religion - bestimmt. So verhält es sich auch in der Moderne. In der hochtechnisierten Industrie werden die Arbeitsschritte immer mehr spezialisiert. Handgriffe werden monoton und einfältig, während unabhängiges Denken und selbstmotiviertes, überlegtes, schöpferisches Arbeiten immerzu abnimmt. Der Mensch versteht sich schon lange nicht mehr als Mittelpunkt, er ist vielmehr ein winziger Teil des Ganzen. Teil der Globalisierung. Teil des Kapitalismus. Teil der Produktion. Der Einzelne hat immer weniger Einfluss auf seine eigene Lage. Er ist abhängig von großen Firmen und Unternehmen. Alles wird unüberschaubar und wächst ins Gigantische.[205]

Entfremdung findet aber nicht nur in der Produktion statt, sondern auch beim Konsum. Dinge die wir kaufen, leisten wir uns nicht nur, weil es praktisch oder notwendig ist. Nein, es verhält sich viel komplexer. Konsum ist zu einer Statusfrage geworden. Was für ein Auto fährt jemand? Und welche Klamotten trägt er? Fragen, die für Einzelne immer mehr an Bedeutung gewinnen. Fast alles lässt sich mittlerweile kaufen. Auch Bildung ist beispielsweise abhängig von verfügbaren Finanzmitteln. Man braucht nur die Situation betrachten, dass pro Semester bei einem Studium, Studiengebühren verlangt werden. Wir kaufen Gemälde, um unser Ansehen zu steigern, wobei wir keinen Sinn für Kunst haben. Essen, Trinken, Klamotten, Fernseher werden oft gekauft, weil das Produkt einen bestimmten Namen trägt. Es sind bei Produkten nicht die Leistungen und die Kosten die ausschlaggebenden Faktoren für einen Kauf, sondern oft der bessere Slogan. Während es eigentlich selbstverständlich sein sollte, dass ein Kauf sinnvoll, human und produktiv sein sollte, lassen wir uns dennoch im extremen Maße manipulieren.[206]

Auch wissen wir zumeist nichts oder zumindest sehr wenig über die Produkte, die wir kaufen. Wir drücken auf einen Fotoapparat oder eine Digitalkamera und haben ein Bild, das wir entwickeln oder digital speichern können. Wir wählen eine Nummer auf dem Handy oder Telefon und können ein Gespräch führen. Wir drücken auf eine Fernbedienung

---

204 Fromm, Wege aus einer kranken Gesellschaft, a.a.O., S. 110.

205 Ebd., S. 110-112.

206 Ebd., S. 115-118.

und unser Fernseher oder CD-Player geht an. Jedoch verstehen wir nur den Zusammenhang, dass wir auf etwas drücken müssen und es dann eine gewisse Reaktion zeigt. Der komplexe Zusammenhang oder der Hintergrund wie etwas funktioniert, bleibt uns jedoch verborgen und ist uns fremd. Längst erscheinen wöchentlich neue, erweiterte, verbesserte Produkte auf dem Markt. Bestes Beispiel liefert hier eben die Elektrobranche. Wir kaufen einen Computer der auf dem neuesten Stand ist. Der jedoch muss nach wenigen Jahren, zumeist schon nach wenigen Monaten, aufgerüstet oder erneuert werden, um auf den neuesten Stand zu bleiben. Dies führt zum einen dazu, dass uns die Produkte entfremden. Sie sind uns geheimnisvoll in Bezug auf ihre Hintergründe. Zum anderen ist die Folge, dass wir nicht mehr - so wie früher - an unserem Besitz hängen. Während man früher noch stolz auf seinen Besitz war und man auch oft eine Emotionalität damit verband, fluktuieren unsere Produkte, die wir besitzen heutzutage in großer Geschwindigkeit.[207]

Die Entfremdung ist sicherlich die Grundvoraussetzung für den Hedonismus des Konsums. In den frühen 80er Jahren kennzeichnete die damaligen Jugendkulturen, dass sie sich immer mehr der Erlebnisorientierung, dem Konsumhedonismus und der Selbstinszenierung hinwendeten. Unter Hedonismus versteht man, wenn man die „... Lust für erstrangig erstrebenswert hält; zu vermeiden sind dagegen Unlust und Schmerz."[208] Dieser hedonistische Trend, mit den Bedürfnissen nach Spaß, Abwechslung und Konsum, hat sich bis heute etabliert. Die Ansprüche an das Produkt, das konsumiert wird und die Erwartungen an das Kauferlebnis sind sogar noch gestiegen.[209]

2.8.4 Verändertes Kaufverhalten

Die Dimension des Konsums hat sich im Laufe der Jahre verändert. In der Nachkriegszeit profilierte man sich über materielle Dinge, die dem bloßen Lebensstandard dienten. Mittlerweile ist der Lebensstil, also eine qualitative Dimension, in den Vordergrund gerückt. „Hieß es früher: Ich bin, was ich ausgeben kann! So heißt es neuerdings: Ich bin, wie ich es ausgebe."[210] Nicht mehr nur die Ware selbst ist von Bedeutung, sondern auch die Gestaltung oder der Name. Kleidung ist nicht mehr nur Klei-

---

207 Ebd., S. 118-121.

208 Brockhaus: Hedonismus. 21. Völlig neu bearb. Aufl. Leipzig, Mannheim: F.A. Brockhaus, 2006 (= Bd. 12), S. 178.

209 Barz, Neue Werte - Neue Wünsche, a.a.O., S. 74–75.

210 Ebd., S. 247.

dung. Ein Schuh ist nicht nur ein Schuh. Teure Marken zu konsumieren ist mittlerweile zu einem Statussymbol geworden.[211]

Die finanziellen Mittel die zur Verfügung stehen reichen aber oft nicht aus, um grenzenlos die teuersten Produkte zu kaufen. Deshalb wird auch in einigen Bereichen viel Geld investiert, während in anderen Zurückhaltung geübt wird. Der Konsum schwankt zwischen Luxus uns Askese. Der dazugehörige Neologismus: Luxese. Weiterhin wird nicht nur gekauft um sich einen materiellen Wunsch zu erfüllen oder seinen Lebensstil aufrecht zu erhalten, sondern man will auch etwas dabei erleben. Güter und Dienstleistungen werden nicht mehr nur nach ihren Nutzen, sondern auch mit Hinblick auf den psychologischen Mehrwert gekauft.[212]

Von der Ware zur Marke

Kaufen wir einen Artikel, so haben wir die Auswahlmöglichkeit zwischen vielen verschiedenen Marken. Der Name eines Produktes wird immer wichtiger. So kommt es, dass sich bestimmte Marken sogar in der Sprache etabliert haben. „... Marken verdrängen Produktbezeichnungen."[213] Einige Beispiele können hierzu angeführt werden. Es werden nicht die Begriffe Papiertaschentuch, Plastikanziehpuppe oder süßer Brotaufstrich verwendet, sondern Tempo, Barbie und Nutella. Auch wenn das Produkt (süßer Brotaufstrich) gemeint ist, sagt der Großteil den Markennamen (Nutella). Eine Marke präsentiert etwas. Sie zeugt von Qualität, von Prestige und Besonderheit. So ist auf jeden Fall unser subjektives Empfinden. Vor allem für jüngere Teilnehmer unserer Gesellschaft werden Marken zu Maßstäben.[214]

Die Werbung und das Marketing wissen schon lange, dass uns bestimmte Namen, Werbesprüche und Assoziationen beeinflussen. Deshalb wird auch bewusst über Medien ein Produkt umworben. Deshalb kann es auch dazu kommen, dass „Markenartikel ... mehr Geld für gleiche Leistung verlangen."[215] Die schon angesprochene psychologische Komponente, die bei einem Kauf immer wichtiger wird, wird dem Käufer bewusst unter die Nase gerieben. Rationales, vernünftiges Überdenken eines Kaufes scheint veraltet zu sein. Fragen nach der Effektivität, dem Preis-Leistung-Verhältnis und der Notwendigkeit rücken in den Hinter-

211 Ebd., S. 247-248.

212 Ebd., S. 251-253.

213 Unverzagt, G. & Hurrelmann, K.: Konsum-Kinder. Was fehlt, wenn es an gar nichts mehr fehlt. Freiburg im Breisgau: Herder, 2001, S. 27.

214 Ebd., S. 27-28.

215 Ebd., S. 28.

grund. Was zählt ist, dem Wunsch nach etwas - und zwar hier und jetzt - nachzugegeben, ohne zu überlegen.[216]

Verschiedene Arten des Konsums können unterschieden werden

Demonstrativer Konsum

Die Marke ersetzt bei Jugendlichen politische, religiöse, philosophische oder poetische Ideen. Der Mensch ist seit Urzeiten mit dem Instinkt ausgestattet, sich als Teil von etwas größeren in Form von Symbolen zuzuordnen. Marken sind genauso Symbole wie Wappen, Abzeichen oder sogar Fahnen bei Völkern. Es wird bei Firmen nicht nur der Markenname präsentiert, sondern immer auch ein passendes Lebensgefühl dazu: „Marlboro verkauft Freiheit und Abenteuer und nicht etwa Zigaretten, Nike handelt beileibe nicht nur mit Turnschuhen, sondern steht für Fairness und Sportsgeist."[217] So werben die verschiedenen Firmen mit ihren Produkten nicht nur mit den Artikeln, sondern eben auch für ein bestimmtes Gefühl.[218]

Kompensatorischer Konsum

Durch den Kauf teurer Marken will man entweder irgendwo dazu gehören oder sich irgendwo heraus heben. Die große Gefahr: „Der Statusgewinn über bestimmte Konsumgüter allein entscheidet, gleichsam abgekoppelt von Kosten-Nutzen-Erwägungen - und schon kauft man Dinge, die man im Grund gar nicht braucht, mit dem Geld, das man nicht hat, um jemanden zu imponieren, den man überhaupt nicht leiden kann."[219] Der Konsum ist mittlerweile sogar oft für eine gesunde oder erschütterte Ich-Identität verantwortlich. „Je geringer der innere Pol ‚Selbstwert' ausgebildet ist, desto mehr muss von außen konsumiert werden, um die Lücke zu füllen."[220] Der Kauf von Gegenständen ist emotional sehr aufgeladen. Verbunden sind die Kompensationskäufe oft mit Ängsten und Wünschen. Die Enttäuschungen in Beruf, Schule, Beziehung und anderen Lebensbereichen hinterlassen Wunden und Leere. Diese Leere muss irgendwie aufgefüllt werden. Durch eine Befriedigung. Da bietet sich das Kauferlebnis natürlich an, da es sehr einfach und unkompliziert zu bewerkstelligen ist. Es beseitigt zwar nicht die Probleme die man hat, aber es lindert zumindest. Irgendwann ist dieses Gefühl der Befriedigung

---

216 Ebd., S. 28-30.

217 Ebd., S. 32.

218 Ebd., S. 31-32.

219 Ebd., S. 38.

220 Ebd., S. 36.

auch wieder weg und man muss sie wieder durch neue Käufe erlangen. Im schlimmsten Fall kann es zu einer regelrechten Sucht kommen.[221]

Süchtiger Konsum

Kompensatorischer Konsum kann in süchtigen Konsum münden. Der Unterschied der beiden Arten liegt darin, dass beim kompensatorischen Konsum instrumentelle Bedeutungen wie Stärke, Können oder Selbständigkeit mit einem Produkt verbunden werden, wohingegen beim süchtigen Konsum emotionale Bedeutungen wie Liebe, Wärme und Geborgenheit die zentrale Rolle spielen.[222]

---

221 Ebd., S. 34–39.

222 Ebd., S. 40–41.

3 Handlungsansätze der Sozialen Arbeit

Bei den Handlungsansätzen habe ich mich an den Hauptautoren und -thematiken orientiert. Deshalb erläutere ich bei den Autoren nun im Folgenden die Lösungsvorschläge von Winterhoff und Fromm genauer. Die beiden geben klare Vorschläge und Marschrouten vor, die zu einer besseren Gesellschaft oder zur Besserung bestimmter Aspekte dieser beitragen sollen. Winterhoff habe ich noch einmal unterteilt in zwei Bücher, die er publiziert hat: Warum Kinder Tyrannen werden und Tyrannen müssen nicht sein. In meiner Grundüberlegung sollte Beck als weiterer Autor behandelt werden. Beck beschreibt jedoch nur Zukunftsaussichten und -szenarien, jedoch gibt er keine Besserungsvorschläge an die Hand. Deshalb lasse ich ihn außen vor.

Die Themen Freizeit-, Konsum- und Medienerziehung sowie das Thema der Professionalisierung der Sozialen Arbeit, stellen die weiteren Komponenten der Handlungsansätze dar.

3.1 *Winterhoff - warum unsere Kinder Tyrannen werden*

Die heutige Gesellschaft ist eine Sinn freie Welt geworden. Nur noch die Befriedigung des eigenen Egos steht im Vordergrund. Dabei ist ein Hauptproblem, dass Erwachsene Kinder gleichgestellt und partnerschaftlich behandeln. Das Kind darf dadurch nicht mehr Kind sein. Erwartungen und Anforderungen werden an die Jüngsten gestellt, in gleichem Maße wie an einen Erwachsenen. Der Gedanke dabei ist, dass diese gleichberechtigte Behandlung, den Kindern Chancen und Vorteile verschafft. Derweil bringt es Gefahren und Überforderungen mit sich. Somit sind meist nicht die Kinder daran schuld, wie sie sich verhalten. „Das Versagen liegt eindeutig auf der Ebene von Eltern, Erziehern, Lehrern, Großeltern, Therapeuten, allen also, die Einfluss auf die psychische Entwicklung der Kinder nehmen können. Das Kind ist letztlich Symptomträger der gesellschaftlichen Fehlentwicklung."[223] Der Weg, der eingeschlagen werden muss, ist der von einem modernen, zurück zu einem traditionellen Erziehungsstil. „Kleine Kinder brauchen zunächst einmal ein erwachsenes Gegenüber, das eine traditionelle, vertikale Denkweise beherzigt und sich darüber im Klaren ist, dass bisweilen negativ besetzte Begriffe wie Autorität und Hierarchie genau die Eckpunkte im Verhalten gegenüber Kindern sind, die diesen die notwendige Struktur und Orientierung geben, um sich in der Welt zurechtzufinden."[224] So die klaren Forderungen des Autors.[225]

---

223 Winterhoff, Warum unsere Kinder Tyrannen werden, a.a.O., S. 183.

224 Ebd., S. 184.

Winterhoff gibt dazu konkrete Vorschläge in einzelnen Bereichen um diese Ziele zu erreichen.

3.1.1 Kindergarten und Grundschule

Fachkräfte der Schulen und Kindergärten sollten die Wichtigkeit des psychischen Reifeprozesses anerkennen. Die meisten Kindergärten arbeiten nach dem Partnerschaftskonzept, in dem die drei- bis sechsjährigen Kinder als eigenständige Persönlichkeiten angesehen werden. Diese Eigenständigkeit und Partnerschaftlichkeit soll auch noch gefördert werden, während unsere jüngsten kaum Reife haben. Unweigerlichkeit führt dies zu einer absoluten Überforderung der Kinder. Winterhoff schreibt: „Diese Kinder müssen zwangsläufig zu Prinzen, Monstern und Tyrannen werden, da niemand sich dafür verantwortlich fühlt, ihnen den Weg zu einem gesellschaftlich integrierten Wesen zu zeigen."[226] Bestrafungen als erzieherische Maßnahme sind nicht sinnvoll. Vielmehr muss es die Aufgabe der Kindergärten und Schulen sein, die Psyche der Kinder zu bilden und langsam reifen zu lassen. Dies wird umso wichtiger, wenn dieser Prozess in der Familie vernachlässigt wird. Damit Lehrer und Erzieher hier sinnvoll agieren und intervenieren können, müssen sie befähigt werden. An den Hochschulen und Universitäten sollte deshalb die Ausbildung im neurologischen und psychiatrischen Bereich verbessert werden. Um die psychische Reife zu fördern, fordert Winterhoff auch ein oder gegebenenfalls zwei Vorschuljahre. Denn nicht nur die Wissensvermittlung ist wichtig, sondern auch die Schaffung einer Grundlage, dass die Kinder das Lernen lernen. Mit dem Eintritt in die Schule im fünften Lebensjahr könnte die psychische Reife enorm entwickelt und gefördert werden. Weiterhin fordert Winterhoff den Ausbau ganztägiger Versorgungsangebote. Dabei muss klar sein, dass es sich bei diesen nicht um Aufbewahrungsstätten handeln darf. Vielmehr muss aufgrund der Kenntnis über die Reifestörung mit den Kindern gearbeitet werden.[227]

3.1.2 Neue Aufgaben für die Großeltern

Oft hört man, dass gerade ältere Leute Erfüllung in ihrem Leben vermissen. Sie fühlen sich abgeschoben und ausgeschlossen. Hier könnten die Großeltern aktiv ins Geschehen eingreifen. Zum Beispiel bei der Frühförderung im Kindergarten und der Grundschule. Dies sind keineswegs Utopien oder Notlösungen, sondern sinnvolle Hilfen, die es heute schon

---

225 Ebd., S. 182–184.

226 Ebd., S. 185.

227 Ebd., S. 184–187.

gibt. Ein solches Partnerschaftsmodell zwischen jung und alt heißt big friends for youngsters, kurz biffy.[228]

3.1.3 Was ist Biffy?

Leider habe ich zu dem Projekt biffy keine Literatur gefunden, abgesehen von der Homepage. Dennoch möchte ich auf der Grundlage der Daten aus dem Internet einen kleinen Überblick über das Projekt biffy geben und es diskutieren.

Big friends for younsters - kurz biffy - arbeitet auf dem Hintergrund, dass soziale Netzwerke, insbesondere in Bezug auf den familiären Kreis, immer mehr verschwinden oder sich der familiäre Kreis zumindest arg verkleinert. Neue Wahlverwandtschaften zwischen engagierten Erwachsenen die eine Patenschaft übernehmen und Kindern bzw. Jugendlichen entstehen. Für die Heranwachsenden bietet dieses Programm Austausch, Förderung und Rückhalt und für die Älteren eine Erweiterung ihres Erfahrungsschatzes. Pate in diesem Programm kann jeder engagierte Erwachsene werden. Die Jugendlichen sind alle zwischen sechs und 16 Jahre alt. Finanziert wird dieses Projekt durch Spenden.

Die Soziale Arbeit kann und muss hier meiner Meinung nach ansetzen. Durch Initiativen der sozialen Institutionen könnten mehr Projekte wie biffy gestartet werden. Die größte Schwierigkeit besteht hier natürlich bei der Frage nach der Finanzierung. Diese Diskussion will ich aber gar nicht aufgreifen, mir liegt ein anderer Gesichtspunkt viel mehr am Herzen. Bei solchen Patenschaftsprojekten ist es wichtig, dass von Seiten der Sozialarbeiter oder auch anderen Berufsgruppen, die Ausbildungen in psychologischen und sozialen Bereichen haben, die Paten betreut werden. Die Partnerschaften werden mit allen sozialen Problemen und Hindernissen des Alltags konfrontiert. Oft sind Jugendliche und Kinder im Patenschaftsprojekt, die soziale Defizite oder Probleme haben. Deshalb müssen die Paten befähigt werden, sich diesen Herausforderungen professionell stellen zu können. Das wiederum ist natürlich sehr zeitintensiv. Ich plädiere zum einen für mehrere Projekte wie „biffy“ und zum anderen für eine intensivere Zusammenarbeit von Sozialpädagogen und Paten in diesen Bereichen.

228 Ebd., S. 187-188.

3.1.4 Bewusstwerdung als Maxime

Hauptanliegen des Autors ist es „… die Problematik der psychischen Unreife unserer Kinder und Jugendlichen ins Bewusstsein der Erwachsenen zu rücken und damit die Möglichkeit zu eröffnen, sich einer zukunftsbedrohenden Entwicklung entgegenzustemmen."[229] Vor allem die fehlende Beziehungsfähigkeit sowie die Zunahme an narzisstischen Kindern sind bedenkenswert. Aufgrund dieser Faktoren geht bei den Kindern und Jugendlichen die Lern- und Leistungsbereitschaft verloren und sie agieren nur noch lustorientiert. Fernseher und Computer werden zu den wichtigsten Elementen in ihrem Leben. Dies wiederum führt zu gesteigerten verbalen und körperlich aggressiven Verhalten, wenn das Lustprinzip mit Computer und TV nicht mehr funktioniert und sie gefordert werden. Letztlich zeigt sich dann ein Verhalten wie bei Kleinkindern, die auf ihre Lusterfüllung beharren. Deshalb müssen Kinder wieder als Kinder gesehen werden und nicht wie kleine Erwachsene behandelt werden. Ein herumexperimentieren- und doktern ist nicht der richtige Lösungsansatz, wenn es darum geht, durch Politik und Gesellschaft im System etwas zu ändern. Es muss zuerst einmal der psychische Reifegrad der Kinder in Kindergärten und Grundschulen untersucht werden. Dies würde eine Basis für sinnvolles Intervenieren bedeuten.[230]

3.2 *Winterhoff - Tyrannen müssen nicht sein*

3.2.1 Ausblick

Womit haben wir zu rechnen in Zukunft? Wie entwickelt sich unsere Gesellschaft? Was sind zukünftige Probleme? Winterhoff zeichnet einen kurzen Anriss über die Entwicklung. Unter dem Vorzeichen, dass immer mehr Erwachsenen die nötige psychische Reife fehlt, haben wir mit den Folgen zu kämpfen. Diese sind, dass die heutige Generation überproportional nach den Prinzipien der Lust und der Lustbefriedigung lebt und dabei weder an Gestern noch an Morgen denkt. Kulturverfall, Einbruch der Sozialsysteme, Anstieg von Suchtkrankheiten, fehlende Arbeitsmoral, steigende Arbeitslosigkeit und so weiter sind nur einige Szenarien die Winterhoff nennt. Dabei betont er, dass er sich nicht im Erstellen von Katastrophenszenarien gefällt, sondern einfach unter aller Deutlichkeit die Probleme der Zukunft anspricht. Er schreibt dazu: „Daher möchte ich an dieser Stelle noch einmal betonen, dass es mir als empirisch arbeitendem Menschen selbstverständlich nicht darum geht, von der Wirklichkeit losgelöste Dinge zu behaupten. Ich glaube jedoch, dass diese

229 Ebd., S. 188.

230 Ebd., S. 188–189.

drastischen Prognosen dazu beitragen können, auf die latente Dramatik der Situation aufmerksam zu machen, dagegen halte ich Verniedlichungen und das Manchmal doch bevorzugte ‚Drumherumgerede' für wenig hilfreich. Mit allzu vielen im Konjunktiv gehaltenen ‚vielleicht und möglicherweise'-Sätzen werde ich der Problematik einfach nicht mehr gerecht."[231] Lösungsstrategien müssen her.[232]

Der Faktor Zeit

Ein immer wichtiger werdender Faktor ist die Zeit. Unsere moderne Gesellschaft ist vom Tempo-Virus befallen, indem jeder wie wild umher rast. Forscher haben herausgefunden, dass sich das Entwicklungstempo bei technischen Erfindungen alle paar Jahre vervielfacht. Wir sind einer Informationsflut ausgesetzt, der wir nicht Herr werden können. In allen Bereichen des Lebens hat sich dieser Tempowahn eingefunden, sogar in unser Essverhalten. Fastfood gehört längst zum Alltag und gesunde Nahrung, die viel Zeit in Zubereitung und Verzehr in Anspruch nehmen würde, ist verpönt. Es ist auch in der Erziehung ein Problem, dass sich Eltern immer weniger Zeit für ihre Kinder nehmen. Doch genau hier entsteht eines der größten Probleme. Um kindgerechte Erziehung zu ermöglichen, benötigt man Zeit, die den Erwachsenen jedoch oft fehlt. „Die gestiegenen Anforderungen an Mobilität, Flexibilität, Verfügbarkeit und Einsatzbereitschaft stehen dem Wunsch nach einer größeren Beteiligung am Erziehungsalltag gegenüber."[233] Doch nicht nur die Anforderungen der Arbeitswelt verschlingen unsere Zeit, die uns dann für die Kinder fehlt, sondern auch die gesellschaftlichen Erwartungen. Das Fitnessstudio oder andere Freizeitgestaltungen werden unverzichtbar und lassen unser Zeitbudget immer kleiner werden. Unsere Defizite und die ständige Überforderung führen uns in eine Depression. Jedoch in eine, die nicht von Müdigkeit und Niedergeschlagenheit gekennzeichnet ist, sondern von ihrem Aktivismus. Winterhoff spricht von einer agitierten Depression. Dadurch, dass uns ständig suggeriert wird, dass wir unsere Zeit nicht verschwenden dürfen (dazu zählt leider oftmals der Umgang mit Kindern), sondern diese körperlich und intellektuell sinnvoll nutzen sollen, fühlen wir uns gezwungen uns „sinnvolle Beschäftigungen" zu suchen. Die Forderung ist deshalb so banal, wichtig und erfolgversprechend zugleich: Eltern sollten sich mehr Zeit für ihre Kin-

231 Winterhoff, Tyrannen müssen nicht sein, a.a.O., S. 107.

232 Ebd., S. 107–114.

233 Ebd., S. 119.

der nehmen und überprüfen, was an außerberuflichen Belastungen wirklich notwendig ist, und was nicht.[234]

3.2.2 Auswege

Selbstanalyse und Auflösung der Beziehungsstörung

Erwachsene sollten ihre Erziehung reflektieren. Das ist von enormer Wichtigkeit. Sie sollten sich bewusst werden, welches Konzept sie verfolgen. Dabei ist es egal ob Eltern, Lehrer oder Erzieher. Alle die mit Kindern zu tun haben sollten sich dieser Verantwortung stellen. „Führt diese Selbstüberprüfung tatsächlich zu dem Ergebnis, dass ein problematisches Konzept vorliegen könnte, sind Schuldgefühle unangebracht, man sollte einfach versuchen konstruktiv mit der Situation umzugehen."[235] Das partnerschaftliche Prinzip ist eine bedeutende Errungenschaft und unverzichtbar für unsere demokratische Struktur und für den Umgang mit anderen Menschen. Jedoch sollte dieses Prinzip altersgerecht angewandt werden. Kleinen Kindern muss genügend Struktur und Orientierung geboten werden. Der Erwachsene muss für das Kind Entscheidungen treffen, wenn dieses noch nicht alt oder reif genug ist. Um das zu bewerkstelligen muss man sich ständig überprüfen. Haben sich bestimmte Verhaltensweisen eingeschlichen, die auf Beziehungsstörungen hinweisen? Brauche ich das Kind um geliebt zu werden? Nach welchem Konzept handle ich? Grundsätzlich gilt, dass ich durch Reflexion die Erziehung verbessern kann und im besten Fall eine Beziehungsstörung auflösen kann. Bei der Symbiose ist es problematisch, da das Kind nicht als eigenständige Person gesehen wird. Eine objektive Betrachtung beziehungsweise Überprüfung der Erwachsenen-Kind-Beziehung ist daher sehr schwer und unwahrscheinlich.[236]

Was die Familie leisten muss

Wichtig innerhalb einer Familie ist es, eine Struktur zu geben. Eltern sollten zudem darauf achten, abgegrenzt zu agieren. Strukturen schaffen heißt, den Kindern einen klaren Ablauf vorzugeben an den sie sich halten können. Diese Struktur muss natürlich altersgemäß aussehen. Bei einem kleinen Kind müssen zum Beispiel die Schlafenszeiten klar definiert sein. Es steht früh auf, hält einen Mittagsschlaf und geht früh zu Bett. „Ein Schulkind muss beispielsweise wissen, dass nachmittags vor der Freizeit die Hausaufgaben zu erledigen sind oder dass abends die

---

234 Ebd., S. 115-121.

235 Ebd., S. 131.

236 Ebd., S. 128-134.

Reihenfolge Abendessen, Zimmer aufräumen, waschen als richtig gesetzt ist."[237] Diese Vorgaben haben in keinster Weise etwas mit einimpfen oder Autorität zu tun. Vielmehr bieten sie Orientierung und einen geschützten Raum, in dem sich Kinder entfalten können. „Es ist allerdings dabei zu beachten, dass Struktur erst dann sinnvoll vorgegeben werden kann, wenn das Kind in der Lage ist, diese zu erkennen. Möglich ist das in jedem Fall ab einem Alter von etwa drei Jahren, also in jener Phase, in der sich das Weltbild des Kindes langsam vom narzisstischen Alleinsein wegbewegt und die Unterscheidung in ‚ich und du' Einzug in die kindliche Psyche halten muss."[238] Dies sollte in einem fließenden Übergang geschehen. Je jünger das Kind ist, desto mehr Struktur benötigt es. Anstatt Struktur könnte man hier auch den Begriff Ritual verwenden. Kleinkinder brauchen Rituale mit immer gleichbleibenden Abläufen, um Dinge einzuüben.[239]

Oft heiß diskutiert wird das Thema Grenzen setzen. Dabei wird hier von der falschen Seite die Problematik beleuchtet. Sich abgrenzen, anstatt Grenzen setzen müsste der richtige pädagogische Ansatz lauten. Kinder müssen verstehen, dass sie mit anderen Personen agieren. Wenn eine Mutter sich beispielsweise unterhält, während das Kind versucht auf ihren Schoß zu klettern und mit ihr zu spielen, wäre die richtige Reaktion, das Kind liebevoll beiseite zu schieben. Die Mutter grenzt sich also ab. Durch diese Art von Abgrenzung durchläuft das Kind einen wichtigen psychischen Reifeprozess. Es lernt mit der Zeit Grenzen selbst einzuhalten. Ein weiteres Beispiel gibt es bei Kleinkindern, die gerade das Sprechen lernen. Irgendwann wird es Zeit für Eltern sich der Babysprache zu verweigern, was die Sprachentwicklung des Kindes fördert. Ein Spross im Alter von drei Jahren sollte im Stande sein, einen vollständigen Satz wie „Ich möchte etwas trinken" zu formulieren, wenn es Durst hat. Sagt es aber lediglich „trinken" und die Eltern reagieren darauf, macht es die Erfahrung, dass diese Art der Artikulation ausreicht. Folge ist ein Entwicklungsdefizit in der Sprache. Eltern müssen sich hier wieder abgrenzen und sich der Babysprache verweigern. Die Abgrenzung ist ein wichtiger Prozess. Der Mensch steht immer fordernden Systemen gegenüber, die sich im Laufe der Zeit steigern. Schwach im Kindergarten, gesteigert in der Schule und perfektioniert im Berufsleben. Wer rechtzeitig Begrenzung in der Kindheit erlebt hat, hat es im späteren

237 Ebd., S. 148.

238 Ebd., S. 149.

239 Ebd., S. 145–150.

Leben daher einfacher selbstbewusst aufzutreten und auf vielfältige Anforderungen zu reagieren.[240]

Was die Gesellschaft und Öffentlichkeit leisten muss

In der Schule hat sich die Primäraufgabe geändert. Schüler zu unterrichten und ihnen Wissen beizubringen gerät immer mehr in den Hintergrund. Immer mehr Zeit muss dafür aufgewandt werden, sich mit dem Verhalten der Schüler auseinanderzusetzen. Ausgebrannte Lehrer und Schulen in denen das Wort Chaos nicht unangebracht scheint sind Realität. Die Kindergärten und Schulen rücken immer mehr von Konzepten ab, die Orientierung und Struktur bieten und ersetzen diese durch partnerschaftliche Leitlinien.[241]

Betrachtet man die Struktur bei schulischen Abläufen, werden die Fehler die gemacht werden sichtbar. Beispielsweise gibt es zu häufig Unterrichtsausfall, bei denen die Kinder alleine gelassen werden mit ihrer freien Zeit. Durch den Unterrichtsausfall „... fällt nicht nur Struktur im Unterrichtsplan weg, sondern es wird auch zusätzliche unstrukturierte, freie Zeit für die Schüler geschaffen, bei der man ihnen dann, dem partnerschaftlichen Konzept gemäß, oft zumutet, sie ‚schon irgendwie' füllen zu können."[242] Es scheitert schlichtweg an den einfachsten Dingen, wenn es um die Struktur geht. Eine feste Sitzordnung oder das Aufstehen und Begrüßen des Lehrers, wenn dieser die Klasse betritt wären erstrebenswerte strukturelle Voraussetzungen. Dabei handelt es sich nicht um veraltete Unterrichtsmethoden mit Drillfaktor, sondern dient der Konzentrationsfähigkeit und der Orientierung der Schüler. Die Begrüßung durch das Aufstehen würde die Aufmerksamkeit auf den Lehrer lenken und dieser könnte ohne Zeitverzögerung mit seinem Unterricht beginnen. Situationen, in denen der Lehrer eine Klasse betritt, die durcheinander redet und den Pädagogen kaum beachtet, lassen wertvolle Minuten der Unterrichtszeit verstreichen.[243]

Des Weiteren mangelt es an unseren Schulen an Regeln. Diese sind für eine sinnvolle Anpassung der Schüler vonnöten. Dabei soll dieser Begriff nicht mit einer negativen Konnotation verbunden sein. Anpassung ist für das menschliche Zusammenleben unverzichtbar. Nehmen wir als Beispiel den Straßenverkehr. Was würde passieren, wenn jeder Verkehrsteilnehmer nach eigenem Ermessen handeln würde, anstatt sich an vorgegebene Regeln zu halten? Richtig! Es würde zu einem Chaos füh-

---

240 Ebd., S. 150–154.

241 Ebd., S. 165–169.

242 Ebd., S. 168.

243 Ebd., S. 168–169.

ren. Deshalb sind Regeln so enorm wichtig. Dabei geht es nicht darum jemandem in seiner persönlichen Freiheit zu beschränken oder willkürlich bei Verstößen zu sanktionieren, sondern Orientierung und allgemeingültige Richtlinien zu bieten. In einer Zeit, in der das partnerschaftliche Konzept so hoch geschrieben wird, wird oft übersehen das Regeln für die Schüler unverzichtbar und darüber hinaus von Vorteil für die Entwicklung der psychischen Reife sind. Schülern werden viel zu viele Freiheiten zugestanden. „Sie [die Schüler] finden sich in der gut gemeinten Freiheit überhaupt nicht zurecht. Denn gut gemeint ist diese Freiheit in den allermeisten Fällen. Es gilt als modern, den Alltag an der Schule möglichst offen und eher unverbindlich zu halten. Man überträgt hier hart erstrittene Erwachsenenrechte eins zu eins auf Kinder und lässt sie dann damit allein. Das ist fatal."[244] Kinder brauchen Struktur, egal ob dies nun im Kindergarten, in der Schule oder im Elternhaus ist. Struktur gibt Halt.[245]

Kinder brauchen keine Entertainer

Die meisten kennen den Begriff Infotainment. Der Anglizismus setzt sich zusammen aus den Begriffen Information und Entertainment, also Unterhaltung. In der heutigen Gesellschaft scheint es nur noch möglich über Unterhaltung das Interesse der Menschen zu wecken. Leider hat sich diese Einstellung auch auf unsere Kinder ausgeweitet. Weitverbreitete Meinung ist, dass das Interesse der Kinder über Erlebnis und Unterhaltung geweckt werden muss. Winterhoff nennt dies „Edutainment". Education steht für Erziehung und Entertainment - wie bereits erwähnt - für Unterhaltung. Dabei ist dieses Denken grundfalsch. Jeder der mit Kindern zu tun hat weiß, wie neugierig und wissbegierig diese sind. Anstatt Struktur zu geben und mit Hilfe dieser, Wissen zu vermitteln, denken immer mehr Lehrer und Pädagogen den Unterhalter spielen zu müssen. Auch die Politik trägt mit immer neuen Reformen ihren Teil dazu bei. Sinnvolle Unterrichtsmethoden verlassen das Klassenzimmer und sogenannte neue, innovative Methoden betreten es. Beispielsweise wurden in Nordrhein-Westfalen ganze Klassen mit Laptops ausgestattet um die lernstrategischen Fähigkeiten und die Medienkompetenz der Schüler zu verbessern. In Verbindung mit den laschen Anforderungen an die Schüler, wie bei der Schrift, an deren Lesbarkeit oder auch an die Orthographie, verstümmeln unsere Schüler die Kulturtechniken. Computer, die Rechtschreibfehler selbst ausbessern und nie unleserlich schreiben, lassen viele Grundkompetenzen der Kinder einfach verkümmern. Winterhoff gebraucht eine schöne Metapher dazu: „Mir kommt

244 Ebd., S. 171.

245 Ebd., S. 169–171.

das vor, als wenn ein Mensch sich vorsätzlich verstümmelt und die Gehhilfe, die er hinterher als Behinderter benötigt, als die Erfindung des Laufens preist. Der Computer, der ursprünglich mal menschliche Rechenleistungen perfektioniert und unterstützt hat, wird auf diese Weise zur Gehhilfe fürs menschliche Gehirn, also zu einer Art Behindertenunterstützung. Man versteht nicht mehr, dass technische Geräte nicht die Grundlagen ersetzen, sondern den Fortschritt befördern sollen."[246] Eine kritischere Sicht auf Unterrichtsmethoden und Reformen aus der Politik wäre deshalb angebracht. Arbeitshaltung und -ergebnisse müssten mehr überprüft werden. Einfache Methoden wie Nachsitzen und Zusatzaufgaben sollten wieder eingeführt werden. Nicht um Kinder zu transalieren, sondern um wieder eine gesunde Arbeitseinstellung und Struktur zu schaffen. Es muss einiges in unseren Schulen, Kindergärten und in unserer Politik überdacht werden.[247]

3.2.3 Was zu tun ist

Winterhoff versteht sich nicht als Heilsbringer durch seine Anregungen, sondern eher als Mahner und Wegweiser. Zusammenfassend nennt er einige Punkte auf die es in der Zukunft seiner Meinung nach ankommt.

- **Beziehungsstörungen beheben**

  Als erstes sollte jeder der mit Kindern zu tun hat erst einmal sich selbst überprüfen. Eine Selbstanalyse ist angebracht um Beziehungsstörungen zu erkennen und dann zu beheben.

- **Verstehen, dass viele Kinder nicht entwickelt sind. Abstimmung der Konzepte**

  Aus der Selbstanalyse müssen natürlich weitere Konsequenzen folgen. Kindergärten und Schulen sollten auf ihr Konzept hin überprüft werden. Diese brauchen einen Kompetenzzuwachs an entwicklungspsychologischen und neurologischen Wissen. Hierzu könnten Experten (zum Beispiel Sozialpädagogen) herangezogen werden.

- **Erkennen der Notwendigkeit beziehungsorientierter Konzepte**

  Viele Erzieher, Lehrer und Eltern arbeiten oft mit sehr beziehungslosen Konzepten. Sie sind der Meinung, dass Kinder Freiräume zum entfalten brauchen und verstehen sich eher als Mentor oder Begleiter. Beziehungsorientierte Konzepte sind jedoch nötig. Kin-

246 Ebd., S. 178–179.

247 Ebd., S. 173–180.

der brauchen ein verlässliches, strukturiertes Gegenüber.

- **Wenn das System Familie versagt. Wer übernimmt?**

  Schulen und Kindergärten werden immer wichtiger in ihrer Funktion als Erzieher. Ganztagsangebote werden in Zukunft immer wichtiger, da oftmals das System Familie die Entwicklung der Kinder im nötigen Maß nicht mehr ermöglicht. Als Beispiel sind hier die Offenen Ganztagsschulen (OGS) zu nennen, die in ihrer Grundidee sehr positiv zu bewerten sind, nicht jedoch in ihrer Umsetzung. Oftmals liegt der Betreuungsschlüssel bei 1:25. Das heißt, dass ein Betreuer für 25 Kinder zuständig ist. Eine intensive Betreuung der Kinder ist dadurch natürlich nicht mehr möglich. Deswegen hier auch gleich die Forderung nach kleineren Klassen. Je weniger Kinder pro Lehrer, desto besser ist die Beziehung und die Entwicklung der psychischen Reife der Kinder. Des Weiteren fordert Winterhoff den Einsatz von Sozialpädagogen an Grundschulen, die sich mit den Problemen der Reifeentwicklung der Kinder auseinandersetzen müssen. Diese Sozialpädagogen müssen unbedingt den Lehrern gleichgesetzt werden, damit deren Einsatz erfolgreich und sinnvoll ist.

- **Wachrütteln der Politischen Instanzen**

  „Es wäre unbedingt wünschenswert, dass auch die Entscheidungsträger im politischen Bereich sich objektiv mit dem dringlicher werdenden Entwicklungsnotstand unserer Kinder und Jugendlichen von der Ursache her auseinandersetzen, anstatt immer neue ‚Behandlungsmethoden' für Symptome zu erfinden."[248] Seitens der Politik wird oft nur deswegen eingegriffen oder reformiert, um Wählerstimmen zu bekommen. Die Politik muss sich endlich einmal sinnvoll mit den Themen Schule, Kinder und Reifeentwicklung auseinandersetzen.

[249]

3.3 *Fromm*

„Owen und Proudhon, Tolstoi und Bakunin, Durkheim und Marx, Einstein und Schweizer - sie alle sprechen vom Menschen und davon, was in unserem Industriesystem mit ihm geschieht. Wenn sie es auch in unterschiedlichen Begriffen ausdrücken, finden sie doch alle, daß [sic] der

---

[248] Ebd., S. 190.

[249] Ebd., S. 181-191.

Mensch seine zentrale Stellung verloren hat, daß {sic] er zu einem Werkzeug zur Erreichung wirtschaftlicher Ziele gemacht wurde, daß [sic] er seinen Mitmenschen und der Natur entfremdet ist und seine unmittelbare Beziehung zu ihnen eingebüßt hat, daß [sic] er kein sinnvolles Leben mehr führt."[250] All diese Denker und Theoretiker, zu denen man auch Fromm einreihen kann, haben sich mit dem Menschen und deren gesellschaftlichen Erkrankungen beschäftigt und haben eine Dezentralisierung des Menschen in der Gesellschaft diagnostiziert. Dieser Niedergang der Menschen wurde mit der Bedeutung der wirtschaftlichen Faktoren vor allem seitens der Sozialisten und Marxisten begründet. „Denker wie Tolstoi und Burckhard dagegen sahen in der geistigen und moralischen Verarmung des westlichen Menschen die Ursache für seinen Niedergang."[251] Fromm kritisiert an den vorangegangenen Theorien, deren radikale Umsetzung. Der Mensch ist eine Einheit, die sich aus seinem Denken, seinem Fühlen und seiner Lebenspraxis zusammensetzt. Wichtig ist, dass der Mensch in allen Fällen frei sein muss. Der Radikalismus verhindert das. So haben beispielsweise die Lehren von Marx zum Stalinismus geführt.[252]

3.3.1 Bedingungen für die Heilung der Gesellschaft

Die Gesellschaft besteht aus lauter Einzelmenschen. Somit sind die Krankheiten der Gesellschaft die Erkrankungen der ganzen Einzelpersonen. Bei der Frage, wie man nun die Gesellschaft heilen kann, muss man sich nach den Prinzipien für die Heilung von individuellen Krankheiten richten. Diese sind in der Hauptsache drei.[253]

„(1) Es muß [sic] eine Entwicklung stattgefunden haben, die den Ansprüchen der Psyche zuwiderlief. In Freuds Theorie heißt dies, daß [sic] die Libido sich nicht vormal entwickelte und aus diesem Grund bestimmte Symptome erzeugte. Im Bezugssystem der humanistischen Psychoanalyse bestehen die Ursachen für die Erkrankung darin, daß [sic] sich eine produktive Orientierung nicht entwickeln konnte, so daß [sic] es zur Entwicklung irrationaler Leidenschaften, insbesondere inzestuöser, destruktiver und ausbeuterischer Strebungen kam. Die Tatsache, daß [sic] diese nicht zustande gekommene normale Entwicklung bewußtes [sic] oder unbewußtes [sic] Leiden verursacht, erzeugt ein dynamisches Streben, das Leiden zu überwinden ... Dieser Wille zur Gesundung ist ... die

250 Fromm, Wege aus einer kranken Gesellschaft, a.a.O., S. 229.

251 Ebd., S. 229-230.

252 Ebd., S. 229-231.

253 Ebd., S. 231-232.

Grundlage für jede Heilung der Erkrankung und fehlt in den schwersten Fällen.

(2) Der erste Schritt, der notwendig ist, um diesen Willen zur Gesundung wirksam werden zu lassen, ist das Gewahrwerden des Leidens und das Gewahrwerden von all dem, was wir aus unserer bewußten [sic] Persönlichkeit ausgeschlossen und abgetrennt haben...

(3) Ein wachsendes Gewahrwerden unserer selbst kann nur dann voll wirksam werden, wenn wir auch den nächsten Schritt tun und unsere Lebenspraxis ändern, die wir auf die neurotische Struktur aufgebaut haben und die diese ständig reproduziert."[254]

Nach diesen Prinzipien muss auch gehandelt werden, wenn es um die Heilung der Gesellschaft geht. Fromm diskutiert verschiedene Neugestaltungen in der Ökonomie, der Politik und der Kultur und wie dadurch eine gesunde Gesellschaft entstehen kann. Doch bevor wir uns diesen Einzelbereichen widmen, möchte ich noch einmal kurz skizzieren, was Fromm unter einer gesunden Gesellschaft versteht.[255]

3.3.2 Die Gesunde Gesellschaft

Der Mensch wird als seelisch Gesund geboren. Er strebt nach Glück, Harmonie, Liebe und Produktivität. Stimmen die Voraussetzungen, entwickeln wir uns auch dementsprechend. Der Großteil der uns bekannten Geschichte zeigt immerzu die gegenseitige Ausnutzung der Menschen. Welche Gesellschaft würde aber die passenden Rahmenbedingungen bieten, damit der Mensch seelisch Gesund bleibt? Wie müsste diese aussehen? Vor allem müsste der Mensch ausnahmslos Selbstzweck sein und nicht Mittel zum Zweck, welchen auch immer. Der Mensch muss im Mittelpunkt stehen und alle politischen und ökonomischen Tätigkeiten dürfen nur nach dem Ziel handeln, dem Wachstum des Menschen zu fördern. „In einer gesunden Gesellschaft haben Eigenschaften wie Habgier, Ausbeutung, Besitzstreben und Narzißmus [sic] keine Chance, jemanden größeren materiellen Gewinn oder ein höheres Ansehen zu verschaffen, und das Handeln nach dem eigenen Gewissen wird als eine fundamentale und notwendige Eigenschaft angesehen, während Opportunismus und Mangel an Prinzipien als asozial betrachtet werden."[256] Weiterhin müssen überschaubare Dimensionen geschaffen werden, in der der Mensch aktiv und verantwortungsbewusst am Leben der Gesellschaft teilnehmen kann. Dies würde die Solidarität und den liebe-

254 Ebd., S. 232-233.

255 Ebd., S. 233.

256 Ebd., S. 234.

vollen Umgang untereinander fördern. Produktive Tätigkeit in der Arbeit und die künstlerischen Tätigkeit gehören gefördert.[257]

3.3.3 Kommunitärer Sozialismus

Fromm orientiert sich am kommunitären Sozialismus, wenn es um die wirtschaftliche Neugestaltung geht. Alle Ideen und Theorien gehen auf frühere Schriften und Autoren zurück, die Fromm lediglich nochmals aufgreift. Die Popularität sowie das Versagen des marxistischen Sozialismus stützen sich auf dessen zentrale Inhalte. Der Marxismus thematisierte vor allem die wirtschaftlichen Faktoren und die Besitzrechte in einer Gesellschaft. Das wurde dermaßen hochkristallisiert und überschätzt, dass der Marxismus zum Scheitern verurteilt war. Der kommunitäre Sozialismus, der die Ziele und die Einstellungen der Owenisten, Syndikalisten, Anarchisten und Gilden-Sozialisten beinhaltet, zielt in eine andere Richtung. „Ziel all dieser verschiedenen Formen des Sozialismus, den wir als ‚kommunitären Sozialismus' (communitarian socialism) bezeichnen können, war eine Organisation der Industrie, in der jeder arbeitende Mensch ein aktiver und verantwortlicher Partner ist, in der die Arbeit attraktiv und sinnvoll ist und in der nicht das Kapital die Arbeiter in seinen Dienst stellt, sondern die Arbeiter das Kapital."[258] Die Organisation der Arbeit und die sozialen Beziehungen zwischen den Menschen stehen hier im Vordergrund und nicht die Besitzverhältnisse. Trotz aller Unterschiede der Syndikalisten, der Anarchisten und der Gilden-Sozialisten haben diese die beschriebenen Ziele als Prinzipien gemeinsam.[259]

3.3.4 Das Problem der Arbeit

Wie sollte eine Arbeit aussehen? Welche Art der Tätigkeit führt zu Zufriedenheit und Befriedigung? Wie sieht die Situation der Arbeiter aus? Die monotonen und entfremdeten Arbeiten in der Industrie stellen keine Befriedigung für den Arbeiter dar und lassen ihn faul sein. „Die Faulheit ist keineswegs normal, sondern ein Symptom einer seelischen Erkrankung. Tatsächlich ist eine der schlimmsten Formen seelischen Leidens die Langeweile, daß [sic] man nicht weiß, was man mit sich selbst und seinem Leben anfangen soll."[260] Man brauch nur Kinder zu beobachten und stellt gleich fest, dass diese niemals faul sind. Sie spielen, stellen Fragen und erfinden Geschichten. Kinder gelten als seelisch gesund. Oft

[257] Ebd., S. 233-234.

[258] Ebd., S. 240.

[259] Ebd., S. 240-241.

[260] Ebd., S. 245.

wird argumentiert, dass Faulheit den Menschen angeboren und natürlich ist, da Spannungen, Feindseligkeit und damit einhergehend das Faulenzen und das Nichtstun natürliche Reaktionen auf entfremdete, unbefriedigende Arbeiten sind. Das mag zutreffen, jedoch nicht auf nicht-entfremdete, attraktive Arbeiten. Daher muss man davon ausgehen, dass der Mensch nicht von Natur aus faul ist. Noch immer geht man davon aus, dass Geld der größte Ansporn für Arbeit und Leistung ist. Ohne Geld kann es zu keiner Grundsicherung kommen. Die Menschen müssten im Extremfall verhungern. Deshalb ist Geld der Ansporn zu arbeiten. Weiterhin kann es einige unserer Wünsche befriedigen. Diese sind in der heutigen Konsumgesellschaft sehr ausgeprägt. Doch neben den Moneten spielen vor allem Prestige und Status eine große Rolle, wenn es um den Ansporn zu arbeiten geht. Natürlich führt Geld gleichzeitig zu Status und Prestige, aber ein größerer Büroraum oder ein Namensschild spielen große psychologische Rollen. Neben diesen Anreizen gibt es noch andere. Oft sind die unabhängige wirtschaftliche Existenz und eine qualifizierte Tätigkeit von großer Bedeutung, was eine Selbständigkeit bedeuten würde. Der Großteil der Bevölkerung führt jedoch entfremdete, unbefriedigende Arbeiten aus, die nur wenig Geschicklichkeit abverlangen und keine Chance bieten Talente zu entwickeln oder herausragende Leistungen zu zeigen. „Unzufriedenheit, Apathie, Langeweile, Mangel an Freude und Glück, ein Gefühl der Nutzlosigkeit und die unbestimmte Empfindung, daß [sic] das Leben sinnlos ist, sind die unvermeidlichen Folgen dieser Situation."[261] Durch eine krampfhafte Flucht in Ausweichbeschäftigungen und dem Streben nach mehr Geld, mehr Prestige und mehr Macht werden diese Krankheitssymptome jedoch oft verdreht. „Die meisten unter uns nehmen an, die in unserer Gesellschaft übliche Art der Arbeit - nämlich die entfremdete Arbeit - sei die einzige Art, die es gebe, daher sei die Abneigung gegen die Arbeit etwas Natürliches, und daher seien Geld, Prestige und Macht die einzigen Antriebe zur Arbeit. Wenn wir unsere Phantasie nur ein wenig anstrengen wollten, könnten wir viele Beweise aus unserem eigenen Leben, aus der Beobachtung von Kindern und aus einer ganzen Reihe von anderen Situationen sammeln, denen wir mit Sicherheit begegnen werden und die uns überzeugen würden, daß [sic] wir uns danach sehnen, unsere Kraft für etwas Sinnvolles einzusetzen, daß [sic] wir uns erfrischt fühlen, wenn wir die Möglichkeit dazu haben, und daß [sic] wir auch durchaus bereit sind, eine rationale Autorität anzuerkennen, wenn das, was wir tun einen Sinn für uns hat."[262] Doch auch wenn wir zu dieser Einsicht kommen sollten, lautet ein Einspruch, dass eine Ver-

---

261 Ebd., S. 250.

262 Ebd., S. 253.

änderung einen Rückschritt an Luxus und Konsum und die Aufgabe technischer Errungenschaften bedeuten würde.[263]

3.3.5 Wirtschaftliche Neugestaltung

Ziel in der Wirtschaft und Industrie muss es sein „... eine Arbeitssituation zu schaffen, in welcher der Mensch sein Leben und seine Energie für etwas einsetzt, das für ihn einen Sinn hat, wobei er weiß, was er tut, wo er einen Einfluß [sic] auf das hat, was er tut, und wo er sich mit seinem Mitmenschen eins und nicht getrennt von ihm fühlt."[264] Kleine Gruppen müssen in den Fabriken und Firmen gebildet werden, welche die Beziehungen der Menschen untereinander intensivierten und stärken. Möglichkeiten müssen geschaffen werden, dass dies auch bei größeren Betrieben mit mehreren Tausenden Mitgliedern realisierbar ist. Die Zentralisierung muss mit der Dezentralisierung verknüpft werden. Die Arbeiter sollen Entscheidungsrechte und Verantwortung haben und trotzdem muss die Leitung vereinheitlicht werden können, wenn dies notwendig ist. Was ist für solch eine Situation alles nötig? Wie kann man dies ermöglichen? Als erstes muss der Arbeiter im Unternehmen mit seinen Kenntnissen voll involviert werden. Er muss technische Kenntnisse über den Produktionsverlauf haben. Durch dieses Wissen wird ein völlig anderer, positiver Bezug zur Arbeit hergestellt, selbst wenn diese eintönig ist. Des Weiteren sollte der Arbeiter Kenntnisse über die wirtschaftliche Funktion des Betriebes haben. Das - die technischen und wirtschaftlichen Kenntnisse über den Betrieb - führt zu einen vollständigeren Bild. Die Funktion des Unternehmens, die Wirtschaft des eigenen Landes sowie die Weltwirtschaft sind nicht mehr fremd und zusammenhangslos, sondern sind nunmehr viel mehr erklärbar, logisch miteinander verknüpft und durchschaubar. Doch alleine das theoretische Wissen ist nicht genug. Die Arbeit wäre weiterhin entfremdet, wenn der Arbeiter nicht in der Praxis sein Wissen anwenden und im Unternehmen mitentscheiden könnte. Wie bereits erwähnt, wäre die Verbindung einer Zentralisierung mit einer Dezentralisierung notwendig. Die Verantwortung muss daher zwischen Betriebsleitung und Belegschaft geteilt werden. Eine gemeinsame Betriebsleitung und die Mitbestimmung der Arbeiter muss geschaffen werden. Als dritten Mitsprachepartner sollten die Verbraucher gelten. „Wenn wir grundsätzlich der Auffassung sind, daß [sic] der Hauptzweck einer jeden Arbeit darin besteht, den Menschen zu dienen, und nicht, Profit zu machen, dann müssen auch die, denen dieser Dienst erwiesen wird, bei der Tätigkeit derer, die ihnen dienen, ein

263 Ebd., S. 244–253.

264 Ebd., S. 271.

Wort mitreden dürfen."[265] Eine Dezentralisierung, in Verbindung mit der Zentralisierung, ist nicht so einfach zu bewerkstelligen und birgt viele Gefahren wie zum Beispiel einen anarchistischen Zustand bei Misserfolg und es gibt sicherlich viele Meinungsverschiedenheiten bei der Umsetzung. Doch es gibt Beispiele die uns lehren, dass Dezentralisierung und Zentralisierung Hand in Hand gehen können. Man braucht hier nur einen Blick auf die Politik werfen. „In unserem Verfassungsrecht haben wir ähnliche Probleme in bezug [sic] auf die Rechte der verschiedenen Regierungsinstanzen gelöst, und im Aktienrecht haben sich Lösungen für das gleiche Problem hinsichtlich der Rechte der verschiedenen Arten von Aktionären, des Managements und so weiter finden lassen."[266] Zwecke dieser wirtschaftlichen Umgestaltung sollten ja einerseits bessere soziale Verhältnisse sein und andererseits ermöglichen, dass der Mensch seiner Arbeit nicht mehr so entfremdet ist. Deshalb muss der Arbeiter Kontakt zu den Verbrauchern und zu anderen Arbeitern aus demselben Industriezweig, die nicht im selben Betrieb tätig sind, haben. Eine solche Kommunikation sowie das Mitbestimmungsrecht sind wichtige Voraussetzungen für ein Umdenken in der Wirtschaft. Um die gesellschaftliche Struktur zu ändern, darf die Arbeit und die Wirtschaft nur als ein Teil betrachtet werden.[267]

„Tatsache ist … daß [sic] der moderne, entfremdete Mensch zwar Meinungen und Vorurteile, aber keine Überzeugungen besitzt, daß [sic] er bestimmte Vorlieben und Abneigungen, aber keinen eigenen Willen hat. Seine Meinungen und Vorurteile, seine Vorlieben und Abneigungen werden ebenso wie sein Geschmack von mächtigen Propagandaapparaten manipuliert - die vielleicht wirkungslos blieben, wenn er nicht durch die Werbung und durch seine ganze entfremdete Lebensweise bereits dafür konditioniert wäre."[268] Fromm kritisiert zum einen den lückenhaften Wissensstand der Wähler und zum anderen die Demokratie in ihrer Struktur. Der Mensch liest in Zeitungen immer von Milliarden-Ausgaben und Millionen-Opfern. Für ihn stellen solche Berichte jedoch nur Zahlen und Abstraktionen dar. Bei einer demokratischen Wahl ist es so, dass man die Wahl zwischen zwei (oder auch mehreren) Kandidaten und Parteien hat. Nach dem Mehrheitswahlrecht gewinnt dann die Partei oder der Kandidat mit den meisten Stimmen. Weiter hat der Wähler keinen politischen Einfluss. Der Mensch ist also zum einen nicht genug informiert über politisches Geschehen und dessen Zusammenhang, und zum anderen in der Politik nicht genug involviert, da er neben dem

---

265 Ebd., S. 273.

266 Ebd.

267 Ebd., S. 271-275.

268 Ebd., S. 285-286.

Wahlrecht keine politischen Handlungsmöglichkeiten besitzt. Deshalb argumentiert Fromm damit, eine Zentralisierung mit einer Dezentralisierung zu verbinden. Es sollten Gruppen von 500 Personen - nach Vorbild der alten Gemeindeversammlungen - gebildet werden. In solchen Gruppen sollten politische Fragen gründlich erörtert und diskutiert werden, wobei jedes Mitglied seine Ideen äußern kann. Um Informationen und Wissen zu politischen Fragen zu verbreiten und den eben genannten Gruppen zugänglich zu machen, könnte man sich vorstellen, dass „… man Persönlichkeiten aus den Bereichen von Kunst, Wissenschaft, Religion, Wirtschaft und Politik, deren überragende Leistungen und moralische Integrität über jeden Zweifel erhaben sind, zur Bildung einer politischen unabhängigen ‚Kultur-Agentur' auswählt. Auch wenn ihre politischen Ansichten verschieden wären, dürfte man doch annehmen, daß [sic] sie sich über die Zusammenstellung von Fakten zum Zweck einer objektiven Information in vernünftiger Weise einigen könnte. Im Fall von Meinungsverschiedenheiten bestünde die Möglichkeit, den Bürgern verschiedene Zusammenstellungen von Tatsachen vorzulegen und ihnen den Grund für den Unterschied zu erklären. Nachdem diese kleinen Gruppen die Informationen erhalten und darüber diskutiert haben, werden sie darüber abstimmen."[269] Nachdem dies geschehen ist, sollte es mit Hilfe der heutigen technischen Errungenschaften kein Problem sein, alle Ergebnisse in kurzer Zeit zusammen zu tragen. Nun stellt sich natürlich die Frage, wie diese Ergebnisse von der Zentralregierung berücksichtigt werden. Fromm plädiert dafür, dass der Wille der Kleingruppen entscheidend sein muss. „Auf diese Weise würden sich die Entscheidungen nicht nur von oben nach unten, sondern auch von unten nach oben bewegen, und sie würden sich auf das aktive und verantwortungsbewußte [sic] Denken des einzelnen Bürgers gründen."[270] Eine Entfremdung des Menschen zur Politik würde somit nicht mehr bestehen.[271]

Meiner Meinung nach ist die Verknüpfung von Zentralisierung und Dezentralisierung ein super Konzept. Auch die konkreten Lösungsvorschläge halte ich für äußerst positiv. Jedoch denke ich, dass eine solche Neugestaltung in der Praxis nicht umsetzbar ist. Politikverdrossenheit der Bürger und zu starre Systeme lassen, so denke ich, keine solchen radikalen Einschnitte beziehungsweise Umstrukturierungen zu.

---

269 Ebd., S. 288–289.

270 Ebd., S. 289.

271 Ebd., S. 285–289.

3.3.6 Kulturelle Neugestaltung

Die Menschheit hat genügend Vordenker, die die Kultur und den Humanismus schon ausgedehnt behandelt haben. In vielen verschiedenen Kulturen wurden unabhängig voneinander die gleichen Normen und Werte gebildet und kulturelle Ziele verfolgt. Theorien müssen bei der kulturellen Neugestaltung nicht erst neu erfunden werden. Das Problem liegt einzig und allein in der Umsetzung der Ideen und Ideale. In der Form wie ernst diese genommen werden und mit welcher Hingabe nach diesen gestrebt wird.[272]

Die Erziehung vermittelt den Menschen Leitbilder und Normen. Wirft man einen Blick auf das Erziehungssystem, so erkennt man, wie unzureichend dieses ist. „Es zielt vor allem darauf ab, dem einzelnen das Wissen zu vermitteln, das er braucht, um in einer industriellen Zivilisation zu funktionieren und um seinem Charakter die Form zu geben, die benötigt wird: daß [sic] er ehrgeizig und auf Wettbewerb eingestellt und trotzdem innerhalb gewisser Grenzen zur Zusammenarbeit bereit ist; daß [sic] er Respekt vor der Autorität hat und trotzdem ‚im erwünschten Maß unabhängig' ist, wie es gelegentlich in einem Zeugnis heißt; das [sic] er nett und trotzdem ohne eine tiefe Bindung an irgend jemand oder irgend etwas ist."[273] Die Schulen versuchen ihren Schülern Charakterzüge anzuerziehen, die in der Wirtschaft von Bedeutung sind und nur selten kritisches Denken und andere Charakterzüge beibringen, welche weitaus wichtiger wären. Menschen werden nur bis zu einem gewissen Alter und für die Zwecke des Gesellschaftsapparates ausgebildet, was grundfalsch ist. Fromm zieht Alvis Johnson als Quelle heran, welcher darlegt, dass in einem Alter zwischen sechs und 18 Jahren zwar das Lernen von Lesen, Schreiben, Rechnen und fremden Sprachen am wirkungsvollsten ist, jedoch in diesem Alter das Verständnis für Geschichte, Philosophie, Religion, Literatur und so weiter nur beschränkt ist. In einem reiferen Alter ist der Mensch lebenserfahrener und das Allgemeininteresse höher als bei Jugendlichen. Für die Gruppe der 30- bis 40-Jährigen sollten die Möglichkeiten bestehen, ihren Beruf nochmals völlig zu ändern und gegebenenfalls noch einmal zu studieren. Die Sicherstellung der Bildungsmöglichkeiten ist nicht nur für Jugendliche sondern auch für Erwachsene wichtig. Bildung ist aber nur ein Teil der Erziehung und wahrscheinlich nicht einmal der Wichtigste. „Um sich in der Welt zu Hause zu fühlen, muß [sic] der Mensch sie nicht nur mit dem Verstand, sondern mit allen Sinnen erfassen, mit seinen Augen, seinen Ohren, seinem ganzen Körper. Er muß mit seinem Körper das, was er in

272 Ebd., S. 289–290.

273 Ebd., S. 290–291.

seinem Gehirn denkt, ausagieren. Körper und Geist können in dieser Hinsicht sowenig wie in irgendeiner anderen Hinsicht voneinander getrennt werden. Wenn der Mensch die Welt erfaßt [sic] und sich so in seinem Denken mit ihr vereint, erschafft er die Philosophie, die Theologie, den Mythos und die Wissenschaft. Erfaßt [sic] er die Welt mit seinen Sinnen, dann erschafft er die Kunst und das Ritual, dann erfindet er das Lied, den Tanz, das Drama, die Malerei und Bildhauerkunst."[274] Fromm fordert eine kollektive Kunst. Diese ist zu unterscheiden von der individuellen. Individuelle Kunst wird individuell produziert und individuell konsumiert. Kollektive Kunst bedeutet etwas ganz anderes. Sie meint „... daß [sic] wir mit unseren Sinnen auf eine sinnvolle, gekonnte, schöpferische und aktive Weise gemeinsam auf die Welt reagieren."[275] Denn immer mehr ist festzustellen, dass in der heutigen Gesellschaft es so gut wie keinen Analphabetismus mehr gibt und das Bildungsniveau sehr hoch ist, dass sich der Mensch aber nicht persönlich entfalten kann. Eine Kultur der Verbraucher nennt Fromm das, in der Filme geschlürft werden und sich den Vergnügungen aller Art und dem Alkohol maßlos hingegeben wird. Es müssen daher Möglichkeiten geschaffen werden „... gemeinsam zu singen, zu wandern, zu tanzen und etwas gemeinsam zu bewundern - gemeinsam und nicht, wie Riesman so treffend sagt, als Glied einer ‚einsamen Masse'."[276] Kollektive Kunst soll die Menschen in ihren Aktivitäten näher zusammenrücken lassen. Wie bei der wirtschaftlichen und politischen Neugestaltung, ist auch hier eine Dezentralisierung in kleinere Gruppen, die untereinander Kontakt pflegen vonnöten.[277]

3.4 *Freizeitpädagogik mit Hilfe von Spielen*

Sprechen wir von Erziehung sind die Hauptziele, die Selbständigkeit, das demokratische Verhalten und das kritische Denken zu fördern. „Das Individuum muß [sic] in der Lage sein, Entscheidungen frei und weitgehend unbeeinflußt [sic] von den Interessen und Manipulation anderer, ganz nach eigenen Bedürfnissen und Interessen zu treffen."[278] Dazu müssen unsere Kinder und Jugendlichen lernen, Interessen und Konflikte auf friedlicher, demokratischer Basis auszutragen. Es gibt keine absoluten Werte. Niemandem darf irgendetwas aufgezwungen werden. Ein

274 Ebd., S. 292.

275 Ebd., S. 293.

276 Ebd., S. 294.

277 Ebd., S. 290–295.

278 Hölzel, S.: Freizeitpädagogik zwischen Gleichgültigkeit und Zwang. Ein Grundriß zur Theorie und Praxis. 4. Aufl. Neuwied: Luchterhand, 1991, S. 5.

kritisches Denken und Betrachten - und das gilt auch für die eigenen Überzeugungen - ist von enormer Wichtigkeit. Das sind die Kernziele der Erziehung. Natürlich gibt es noch viele weitere Eigenschaften, die es zu fördern gibt.[279]

Freizeit sollte sinnvoll genutzt werden. Deshalb möchte ich anhand von konkreten Beispielen eine sinnvolle Freizeitgestaltung darstellen. Wir bewegen uns in der Sozialen Arbeit, deshalb möchte ich einige Spiele exemplarisch zeigen, die in der Jugendarbeit mit Gruppen durchgeführt werden können.

3.4.1 Sinn und Funktion des Spiels

„Im pädagogischen Spiel werden dem Kind auf spielerische Weise Wissen und Verhaltensweisen für den ‚Ernstfall des Lebens' beigebracht. Im Spiel sollen die Kinder dadurch kreativer werden, daß [sic] sie lernen, immer neue Lösungswege auszuprobieren und immer neue Fragen zu ‚erfinden'. Ferner sollen sie es ertragen lernen, zeitweilig Mißerfolge [sic] zu haben. Bei der Vermittlung von Wissen und Fertigkeiten kann die motivierende Wirkung des Spiels pädagogisch genutzt werden."[280]

3.4.2 Merkmale des Spiels

Es gibt drei wesentliche Aspekte des Spielens. Es ist in erster Linie geprägt durch die Lust am tätig sein. Der Erfolg ist erst einmal nachrangig. Das Spielen geschieht freiwillig. Niemals darf jemand gezwungen werden teilzunehmen. „Die Freiwilligkeit ist u. a. eine unabdingbare Voraussetzung dafür, daß [sic] das Spiel nicht als lästig empfunden wird, obwohl es doch häufig Mühe und Anstrengung erfordert."[281] Des Weiteren sind Spiele durch den Wechsel von Spannung und Entspannung gekennzeichnet. Wichtig ist es, darauf zu achten, dass dieses Verhältnis ausgewogen ist.[282]

3.4.3 Spiel als indirekte Erziehungsmittel

„Die Freizeit ist für die Kinder ein bedeutendes Lernfeld."[283] Arbeitet man mit einer Kinder- oder Jugendgruppe, sollte man Spielen und Persönlichkeitsentwicklung der Heranwachsenden miteinander verbinden. Spielen kann sowohl kognitive Funktionen wie Intelligenz, Phantasie

---

279 Ebd., S. 5–6.

280 Ebd., S. 83.

281 Ebd., S. 86.

282 Ebd.

283 Ebd.

oder schöpferisches Denken, als auch soziales Verhalten fördern. Für die Förderung der kognitiven Fähigkeiten stehen vor allem Spiele im Vordergrund, die alleine vollzogen werden, wie basteln, kneten, malen oder konstruieren. Soziales Verhalten lässt sich vor allem über Regel- und Rollenspiele trainieren. Erstere sind dadurch gekennzeichnet, dass mehrere Leute an einem Spiel teilnehmen. Jeder muss sich an Regeln halten, damit ein Spielbetrieb möglich ist. In der Jugendarbeit lässt sich erkennen, dass je jünger die Mitwirkenden sind, desto weniger Regeln beachtet werden. Mit der Zeit und der Interaktion mit anderen Kindern, lernen unsere Jüngsten sich an die vorgegebenen Regeln zu halten. „Irgendwann (etwa zwischen 9-11 Jahren) ist jedes Kind zum Verständnis und zur Einhaltung strenger Regeln z. B. bei Bewegungsspielen wie Fuß- oder Handball fähig."[284] Regelspiele sind wichtig, um das demokratische Verhalten und die Teamfähigkeit zu erlernen. Rollenspiele sind Spieltherapien. Durch diese Form kann ein ausgebildeter Pädagoge oder Betreuer, Ängste oder Probleme aufdecken oder auch beseitigen. Man spricht von einem freispielen. Ein banales Beispiel: Ein Kind hat Angst vor Gespenster. Durch das spielen eines Gespenstes werden diese Ängste gelöst. Rollenspiele werden natürlich immer auch verwendet um Gruppen zu analysieren und mehr über einzelne Personen zu erfahren. Ein geschultes Auge kann mit dieser Technik viele Erkenntnisse gewinnen.[285]

3.4.4 Beispiele von Spielen

Es gibt sogenannte große und kleine Spiele. Einige davon möchte ich exemplarisch darstellen. In den meisten Fällen handelt es sich um Regelspiele. Ich möchte nur ein paar Vorschläge bringen, was in der Arbeit mit Kinder- und Jugendgruppen eingesetzt werden kann. Dabei habe ich lediglich eine kleine Auswahl getroffen. Mir geht es nicht darum das ganze Spektrum an Spielmöglichkeiten durchzugehen, sondern nur einige zu benennen um sich ein Bild zu machen.

Die großen Spiele

„Die ‚großen Spiele' sind Gruppenspiele; sie erstrecken sich über einen Nachmittag oder einen ganzen Tag und erfordern gute Vorbereitungen."[286]

„Signaljagd: Mit Zehn-Minuten-Vorsprung vor der Hauptgruppe machen sich drei bis fünf Spieler auf den Weg, die mit einer Trillerpfeife ausgerüstet sind. Sie müssen alle vier Minuten ein Signal geben. Gelingt

284 Ebd., S. 88.

285 Ebd., S. 86–89.

286 Ebd., S. 90.

es den Verfolgern, die Ausreißer innerhalb von 30 bis 60 Minuten zu fangen, haben sie gewonnen...

Hüttenbau: Aus herumliegendem Material bauen die Kinder eine Hütte (Holz, Farn, Moos, Zweige). Werkzeuge sind Spaten, Schnüre und Säge. Für den Hüttenbau müssen etwa vier bis sechs Vormittage reserviert werden. Wir können die kunstvollen Bauwerke nach folgenden Gesichtspunkten bewerten: Festigkeit, Originalität, Räumlichkeit, Umgebung...

Indirekter Wettkampf: Vier Gruppen führen gleichzeitig verschiedene Übungen durch: Büchsenwerfen, Stafette, Puzzle, Geschicklichkeitsübung. Nach einer bestimmten Zeit wird gewechselt."[287]

Die kleinen Spiele

Zu den kleinen Spielen zählen Fußball, Handball, Völkerball, Volleyball oder Fußballtennis aber auch Tauziehen, Schwarzer Mann und alle anderen bekannten und weniger bekannten Spiele.[288]

Hier könnte man nun ins Detail gehen, was ich aber nicht beabsichtige. Freizeiterziehung ist sicherlich mehr als nur das Themenfeld Spiele. Es würde aber den Rahmen sprengen, würde ich das Thema Freizeitpädagogik intensiver behandeln. Ich habe mich für die Unterkategorie Spiele vor allem deswegen entschieden, weil man damit gut in der Jugendarbeit agieren kann. Sie sind sehr beliebt und haben pädagogische Ziele, die gestalterisch und kreativ erreicht werden können und sind daher so interessant für die Soziale Arbeit.

3.5 Medienarbeit am Beispiel Video

Aktive Videoarbeit in der Jugendarbeit möchte ich als Beispiel ein wenig genauer vorstellen. Das Medium Video bietet sich für die Jugendarbeit seht gut an, da es sich hierbei um ein audiovisuelles Medium handelt und daher eine große Palette an praktisch-pädagogischen Einsatzmöglichkeiten bietet und darüber hinaus sehr beliebt bei den Jugendlichen ist.[289]

---

287 Ebd., S. 92–93.

288 Ebd., S. 94–98.

289 Schell, F.: Aktive Medienarbeit mit Jugendlichen. Theorie und Praxis. 4. Unveränderte Aufl. München: kopaed, 2003, S. 178.

Vorteile des Mediums

Jugendliche können die gesamte Palette an Ausdrucksformen und -fähigkeiten in den Lernprozess einbringen. Sprache, Mimik und Gestik. Alles in ihrer Gesamtheit kann genutzt werden. Durch die Nutzungsmöglichkeiten von verbalen und nonverbalen Formen können menschliche Kommunikation und Interaktion komplex dargestellt werden. Verbale Äußerungen können oft erst mit Hilfe von Mimik oder Gestik dekodiert, also entschlüsselt werden. Zum Beispiel kann eine zynische Bemerkung erst als solche durch den Gesichtsausdruck erkannt werden. In einer Zeit, in der Kinder mit dem Fernseher aufwachsen, gewinnt das Bild immer mehr an Bedeutung. „Jugendliche nehmen Welt/Realität nicht mehr primär über Worte/Begriffe, sondern über Bilder/Symbole wahr."[290] Daher bietet sich Medienarbeit mit dem Video sehr an. Jugendliche haben es oft schwer ihre Interessen gegenüber anderen Interessensgruppen, wie zum Beispiel Erwachsenen oder Politikern, zu artikulieren. Daher kann das Medium zu einer gleichberechtigten Diskussion beitragen. Das Video ist für Jugendliche eine alltagsgewohnte Form der Kommunikation, während beim Umgang mit Schrift und Sprache den Heranwachsenden noch die Eloquenz fehlt. Neben diesen Faktoren bietet das Video noch weitere Vorteile für den pädagogischen Prozess. Es ist ein Produkt einer kooperativen Arbeit. Bei der Produktion eines Videofilmes - im Gegensatz beispielsweise zu einer Fotografie - arbeiten, handeln und koordinieren die Jugendlichen miteinander wenn es um die Bedienung der Kamera, der Organisation und Gestaltung der Dekoration, Beleuchtung oder den Ton geht. Des Weiteren muss sich bei der Produktion intensiv mit dem gewählten Thema auseinander gesetzt werden. Darüber hinaus wird die Kreativität und Phantasie gefördert sowie das Selbstvertrauen in Bezug auf die eigenen Fähigkeiten und Fertigkeiten gestärkt. Als letzten und nicht unwesentlichen Vorteil, ist der Spaßfaktor zu nennen. Motivation und Lerneffekt steigen dadurch natürlich. Leider wird dieser Faktor allzu häufig vernachlässigt.[291]

3.5.1 Methodische Aspekte der Videoarbeit

Einstieg in eine Videoproduktion

Es lassen sich grob zwei Formen der aktiven Handhabung der Videoarbeit unterscheiden: Videoaufzeichnung und Videoproduktion. Bei erstgenannter fungiert das Video quasi als Spiegel. Es werden Verhaltens- und Handlungsweisen von Einzelnen und von Gruppen aufgenommen. Mit Hilfe der Aufzeichnung können sich die Einzelpersonen oder Grup-

---

290 Ebd., S. 181.

291 Ebd., S. 180-182.

pen selbst beobachten. Es handelt sich hierbei um ein Mittel zu Reflexion.[292]

Bei der Videoproduktion dient das „… technische Medium Video … als Hilfsmittel zum ‚Ermitteln, Erforschen und Darstellen' … sozialer Realität, als Werkzeug, eigene Anliegen und Interessen zu erkennen und in der Regel auch öffentlich zu artikulieren."[293] Jede Videoproduktion benötigt ein Thema. Bei der Wahl eines Themas muss man sich an der Lebenswelt der Jugendlichen orientieren, an ihren konkreten Situationen, Erfahrungen, Bedürfnissen und so weiter. Das Thema sollte in Zusammenarbeit mit den Jugendlichen herausgearbeitet werden. Für einen Einstieg und um Anregungen zu schaffen gibt es verschiedene Möglichkeiten. Ein Video zu zeigen, das eine andere Jugendgruppe bereits produziert hat oder das erstellen lassen einer Zeitungscollage wären Möglichkeiten. Damit jeder Jugendliche Vorschläge für ein Thema äußern kann, bieten sich Zweiergespräche oder das Aufschreiben der Wünsche an, damit sich die Gruppe nicht an einen Wortführer anhängt.[294]

Gestaltung des Produktionsprozesses

Nach der Einigung über das Thema und den Inhalt des Filmes wird eine Filmgeschichte schriftlich verfasst. In einem Drehbuch wird diese in einzelne Szenen zerlegt. Des Weiteren ist ein Drehplan notwendig, der den organisatorischen Ablauf regelt. Ist das alles geschehen, kann produziert werden. Das Video muss danach noch zugeschnitten und gegebenenfalls vertont werden. Inwiefern der fertige Film vorgeführt oder veröffentlicht wird, liegt im Interesse und an der Zielsetzung der Gruppe. Während des ganzen Produktionsverlaufes müssen auf allen Stufen des Produktionsprozesses die Teilergebnisse reflektiert und das weitere inhaltliche und organisatorische Vorgehen geplant werden.[295].

Technische und gestalterische Voraussetzungen

„Art und Umfang der Gestaltung eines Videofilms sind abhängig von der vorhandenen technischen Ausstattung."[296] Schon mit einem einfachen Camcorder ist eine Videoproduktion möglich. Man muss jedoch immer die Ziele und Inhalte mit den technischen Voraussetzungen abgleichen. Dies muss gleich am Anfang eines Projektes geschehen, da es sonst zu großen Diskrepanzen zwischen den beiden Faktoren kommen

---

292 Ebd., S. 185.

293 Ebd., S. 186.

294 Ebd.

295 Ebd., S. 186–187.

296 Ebd., S. 188.

kann. Darüber hinaus müssen die Jugendlichen befähigt werden, die Gerätschaften zu bedienen. Am besten in spielerischer, aufgelockerter Form. Diese Zeit muss daher vorab eingeplant werden.[297]

Zeitliche Möglichkeiten

Ein Videodreh ist relativ zeitaufwendig. Man sollte sich im vorab darüber im Klaren sein, wie viel Zeit man hat und wie reich das Thema inhaltlich ist. Wie viel Recherche und Bearbeitung für das Thema also notwendig ist. Es sollten Themen gewählt werden, die auch mit dem Zeitkontingent vereinbar sind. Ein Abbruch aufgrund von Zeitmangel würde bei den Beteiligten zu großen Frustrationen führen. Ein Erstlingswerk mit eingegrenzter Themenstellung bietet sich an, damit man den zeitlichen Aufwand einer Produktion einschätzen kann.[298]

Rolle des Pädagogen

Der Pädagoge sollte sich weitgehend nicht in den Lern- und Arbeitsprozess der Jugendlichen einmischen, sofern dies nicht nötig ist. Aufgabe des Pädagogen sollte es sein, die Gruppe zu stabilisieren und ihr beratend bei der Planung und Durchführung des Filmprojektes zur Seite zu stehen. Eine Videoproduktion birgt ein großes Potential an Konflikten. Wenn es zu größeren Diskrepanzen kommt, muss der Pädagoge, auch auf Risiko einer Zeitverzögerung bei der Produktion, eingreifen. Er muss ein Know-how über das breite Spektrum der Videoarbeit besitzen, damit er den Jugendlichen jederzeit Hilfestellung geben kann.[299]

3.5.2 Problembereiche aktiver Videoarbeit

„In der Praxis aktiver Videoarbeit treten immer wieder Probleme auf, die das Erreichen der Zielsetzung be- oder gar verhindern können."[300]

Die Faszination der Technik

Die Technik ist für Jugendliche anfangs sehr interessant. Der Videodreh fördert die Eigeninitiative der Jugendlichen. Deshalb kommt es oft vor, dass der Pädagoge sich aus dem Geschehen selbst herausnimmt und diese anfangs positive Entwicklung laufen lässt. Dadurch wird von den Jugendlichen oft der inhaltliche Aspekt einer Videoproduktion vernachlässigt. Die Technik wird in den Mittelpunkt gerückt. Das sollte jedoch vermieden werden. Die Produktion im Ganzen und die Bearbeitung des

---

297 Ebd.

298 Ebd., S. 188–189.

299 Ebd., S. 189.

300 Ebd.

Themas sollten im Vordergrund stehen. Eine weitere Gefahr besteht darin, dass Jugendliche ihre Eigeninitiative und ihr Interesse verlieren, wenn die ersten technischen Schwierigkeiten auftreten. Die Technik selbst ist also ein großer Gefahrenherd.[301]

Orientierung an professionellen Standards

Die Jugendlichen stürzen sich meist sehr enthusiastisch in eine Videoproduktion. Hohe Maßstäbe werden gesetzt und sich an professionellen Kino- und Fernsehproduktionen orientiert. Das die Filmindustrie über eine weitaus bessere technische Ausstattung verfügt und die Schauspieler über weit mehr Erfahrung und Können, muss den Jugendlichen von Anfang an vermittelt werden, damit sich diese keinen Illusionen hingeben. „Das heißt jedoch nicht, daß [sic] ein Videofilm, mit dem eine Vermittlungsabsicht verbunden ist und der öffentlich gezeigt werden soll, nicht bestimmten Standards genügen muß [sic]."[302] Daher darf man sich ruhig an professionellen Film- und Fernsehproduktionen orientieren, sofern man realistisch und nicht utopisch an die Sache herangeht."[303]

Anfälligkeit der technischen Ausstattung

Technische Geräte können jederzeit defekt werden oder es können zumindest kleinere Mängel auftreten. Nebengeräusche können bei den Tonaufnahmen entstehen oder das Kabel kann lediglich einen Wackelkontakt haben. Störungen bei der Technik bedeuten immer auch eine zeitliche Verzögerung bei der Produktion und - was noch viel tragischer ist - ein Nachlassen der Motivation bei den Jugendlichen. Im vorab sollte daher darauf hingewiesen werden, dass solche Störungen auftreten können. Bestenfalls hat man Ersatzgeräte, oder informiert sich zumindest, wo man welche herbekommen könnte.[304]

Der Hang zum Spezialistentum

Bei einer Videoproduktion gibt es vielerlei verschiedene Aufgaben, die verteilt werden müssen. Das birgt die Gefahr, dass „die weniger beliebten oder ‚bedeutenden' Tätigkeiten schon von vornherein an denen hängen, die sich auch sonst in der Gruppe nicht so durchsetzen können wie andere."[305] Das kann zu Konflikten bis hin zum aussteigen einzelner Teilnehmer führen. Jeder hat aber andere Vorlieben und Fähigkeiten.

---

301 Ebd., S. 189–190.

302 Ebd., S. 190.

303 Ebd.

304 Ebd., S. 190-191.

305 Ebd., S. 191.

Deshalb empfiehlt sich am Anfang eine Aufgabenrotation, in der jeder jeden Aufgabenbereich einmal durchläuft. Dadurch kann sich die Aufgabenverteilung erleichtern und jeder Beteiligte erfährt eine gewisse Grundqualifikation in den verschiedenen Bereichen.[306]

Die Geschlechter- Problematik

Startet man eine Videoproduktion, ist meist zu beobachten, dass männliche Jugendliche sich um die Technik und weibliche Jugendliche um organisatorische Dinge kümmern. Der Pädagoge muss versuchen dieses Klischeedenken- und handeln aufzubrechen und beiden Geschlechtern in allen Bereichen die Möglichkeit geben sich zu bewähren und zu betätigen. Funktioniert das nicht, bleibt nur noch die Lösung einer Geschlechtertrennung bei der Filmproduktion übrig.[307]

Juristische und politische Komplikationen

Bei einer Vorführung einer Videoproduktion kann es zu juristischen und politischen Komplikationen kommen. Juristisch vor allem wegen des Urheberrechtes. Rechtliche Probleme lassen sich jedoch mit der Auseinandersetzung der Vorschriften vermeiden. Politische Probleme können vor allem in Bezug auf die Thematik auftreten. Befasst sich das Thema mit gesellschaftlichen Missständen, kann es sein, dass sich Betroffene wie Eltern oder Politiker zur Wehr setzen und dass es zu einer Auseinandersetzung kommt. Eine gute und stichhaltige Recherche mit Quellennachweisen ist daher vonnöten. Zu einer Konfrontation kann es immer kommen und sie ist auch für den Lernprozess wichtig, jedoch sollten solche Konfrontationen nicht absichtlich herauf beschworen werden.[308]

Strukturell bedingte Unwägbarkeiten in der Jugendarbeit

Eine Videoproduktion ist das Ergebnis einer Gruppe. Alle müssen zusammenhelfen. Nun kann es aber sein, dass es zu Problemen kommt, wenn einzelne Mitglieder abspringen oder nicht regelmäßig erscheinen. Bei zeitlich begrenzten Projekten, bei denen die Jugendlichen immer anwesend sind (zum Beispiel bei Wochenendseminaren) und bei stabilen Gruppen, die schon einen längeren Zeitraum zusammenarbeiten, treten solche Probleme selten auf. „In der offenen Jugendarbeit oder bei losen Gruppen verbandlicher Jugendarbeit treten solche Probleme jedoch

---

306 Ebd.

307 Ebd., S. 191–192.

308 Ebd., S. 192.

relativ häufig auf."[309] Da die Jugendarbeit nach dem Prinzip der Freiwilligkeit arbeitet, kann man hier nur vorausplanend Maßnahmen entwickeln, die beim abspringen einzelner Jugendlicher nicht zum Scheitern des Filmprojektes führen.[310]

3.5.3 Zielbereiche aktiver Videoarbeit

„Aktive Videoarbeit hat insgesamt vier Zielsetzungen: Video als Mittel der Exploration, als Mittel der Artikulation und Herstellung von Gegenöffentlichkeit und als Mittel der Analyse und Kritik der Massenmedien Film und Fernsehen."[311]

Ich möchte eine Zielsetzung mit Hilfe eines Beispiels aus der Praxis exemplarisch anführen.

Video als Mittel der Reflexion bzw. Gruppenverhaltens

Rahmenbedingungen:

Ein Wochenendseminar zur Verbesserung der Rhetorik, der Interessenartikulation und der rednerischen Überzeugungsfähigkeit der Jugendfunktionäre mit Hilfe von aktivem Videoeinsatz. 18 ehrenamtliche Jugendfunktionäre (zwölf männlich, sechs weiblich) aus verschiedenen Einzelgewerkschaften im Alter von 17 bis 22 Jahren nahmen teil. Thema war die Arbeitszeitverkürzung auf 35 Stunden in der Woche. Die Jugendlichen sollten erlernen ihre Forderungen öffentlich argumentativ und überzeugend vertreten zu können.

Vorgehensweise:

Die ersten beiden Tage wurden der inhaltlichen Aufarbeitung der Thematik gewidmet. Verschiedene Broschüren, Werbematerialien und Zeitungsartikel dienten als Grundlage. Am dritten Tag wurden drei 15-minütigen Rollenspiele zu dem Thema durchgeführt. Die Rollenspiele waren: eine Diskussion zwischen gewerkschaftlich organisierten und nicht-organisierten Jugendlichen im Betrieb, eine Diskussion in der Jugendkneipe und ein Streitgespräch zwischen Jugendvertretern und Betriebsleitung. Jede Gruppe bereitete sich auf ihr Rollenspiel vor. Bei der Durchführung fungierten die nicht spielenden Gruppen als Beobachter. Nach jedem Rollenspiel gab es eine Auswertung im Umfang von einer Stunde. Zuerst äußerten sich die Spieler selbst, wie sie ihre Argumentationen und ihr nonverbales Verhalten beurteilten, danach die Beobach-

309 Ebd., S. 192–193.

310 Ebd.

311 Ebd., S. 193.

ter. Dies wurde auf einer Wandzeitung festgehalten. Mit Hilfe des Videos wurden die Selbst- und Fremdwahrnehmungen überprüft und reflektiert. Die letzten beiden Tage wurden dafür verwendet, den öffentlichen Vortrag zu schulen. Dazu musste jeder Jugendliche ein fünfminütiges Referat zum Thema Arbeitszeitverkürzung halten. Diese wurden wieder auf Video aufgezeichnet. Im Anschluss reflektierte wieder der Vortragende selbst und danach die Gruppe. Das Video wurde bei Bedarf, wenn unterschiedliche Meinungen zwischen Redner und Zuhörer vorhanden waren, herangezogen und zur Reflexion der geäußerten positiven und negativen Kritik der Gruppe.

Ergebnis:

Das Video machte den Jugendfunktionären die Wirkung seiner Art und Weise der gewerkschaftlichen Interessenvertretung bewusst. Im Vergleich zu ähnlich aufgebauten Seminaren ohne Videoaufzeichnung wurde deutlich, dass die Fremdbeobachtung keinen so großen Effekt hat wie das Video. Die sinnliche Wahrnehmung ist sehr wichtig und viel effizienter als die sprachliche Vermittlung der Fremdbeobachtung.

[312]

3.6 *Konsumerziehung am Beispiel USA*

3.6.1 Gesellschaftlicher Hintergrund

Grundsätzlich gibt es keine offizielle Konsumerziehung an amerikanischen Schulen. Wettbewerb und Marktgeschehen gelten als etwas Selbstverständliches und werden deshalb nicht problematisiert. Gekennzeichnet ist der Markt in den USA durch deren Selbstregulierung. Eine kommerzielle Integrität soll durch Privatinitiative und Verhaltenscodes bei Unternehmen geschaffen werden. Wieso in der Schule keine kritische Konsumerziehung stattfindet, lässt sich leicht erklären. „Ein Großteil der Bildungseinrichtungen ist von vornherein privatrechtlich organisiert, die finanzielle Unterstützung für nicht-kommerzielle Institutionen, wie Schulen, Museen, Theater usw. stammt in sehr vielen Fällen aus Stiftungen, deren Erfolg ihrerseits wiederum vom Florieren der dahinterstehenden Unternehmen abhängt. Schulen, denen private Zuwendungen nicht zuteil werden, gelten häufig als qualitativ minderwertiger und nicht wettbewerbsfähig; sie können sich die besten Lehrer und Ausstattungen nicht leisten."[313] Somit kann man sagen, dass die Bildungsein-

---

312 Ebd., S. 193–196.

313 Groebel, J.: Vom Vertrauen in den Markt: Das Beispiel USA. In: Deutsches Jugendinstitut (Hrsg.): Werbe- und Konsumerziehung international. Beiträge

richtungen vom Markt und von den Unternehmen abhängig sind. Deshalb findet Konsumerziehung in amerikanischen Schulen keinen Anklang.[314]

3.6.2 Regulierung

Es gibt wichtige offizielle Einrichtungen, die Richtlinien für Werbung und Konsum setzen und auch als Kontrollfunktion agieren. „Die Federal Trade Commission wurde 1914 etabliert und erhielt von der Regierung den Auftrag, täuschende kommerzielle Praktiken oder irreführende Informationen zu verhindern. Daneben hat die Food and Drug Administration, die 1927 eingerichtet wurde, die besondere Aufgabe, Lebensmittel, Kosmetikartikel und andere Produktbereiche zu überwachen. Schließlich gibt es die National Highway Traffic Administration, die alle Aspekte der Autosicherheit kontrolliert."[315] Diese drei Organisationen geben die Standards für die einzelnen amerikanischen Staaten vor. Jedoch gibt es keine nationalen Regelungen. Problem bei der ganzen Sache ist, dass die Industrie viel zu stark ist, als das die genannten Organisationen irgendwelchen Einfluss nehmen könnten. Das Verkaufsinteresse der Industrie setzt sich meistens gegen die Konsumenteninteressen durch. Einzige Möglichkeit der Organisationen in die Unternehmen einzugreifen ist, wenn Produkte mit gesundheitsgefährdenden Stoffen hergestellt werden. Neben der Gesundheitssicherung gibt es nur noch eine Gesetzesauflage, an die sich die Unternehmen zu halten haben. Die Bestandteile, die ein Produkt enthält und angegeben werden, müssen der Wahrheit entsprechen. Die USA vertrauen vollkommen darauf, dass sich der Markt selbst reguliert.[316]

3.6.3 Codes-of-Conduct für „kommerzielle Integrität" gegenüber Kindern

Aufgrund der Selbstregulierung haben Werbetreibende und Produkthersteller Richtlinien entwickelt, die das Verhalten am Markt regeln sollen. Diese ethisch korrekten Richtlinien dienen unter anderem auch dem Imagegewinn der Unternehmen und bieten Wettbewerbsvorteile. Es gibt 70 einzelne Richtlinien, die Markt und Werbestrategien gegenüber Kindern unter 12 Jahren regeln. Die Vorgaben regeln inhaltliche, formale und technische Aspekte. Prinzipien, die entwickelt wurden, sind vor

---

aus Großbritannien, USA, Frankreich, Italien und Deutschland. Opladen: Leske + Budrich, 1999, S. 50.

314 Ebd., S. 49–50.

315 Ebd., S. 50.

316 Ebd., S. 50–51.

allem auf die Werbung bezogen. Konsum ist immer auch verbunden mit Werbung.[317]

„Die sechs allen Richtlinien der Werbetreibenden zugrundeliegenden Prinzipien sind die folgenden:

- Werbeanbieter sollten den Entwicklungsstand der Kinder berücksichtigen. Jüngere Kinder sind nur begrenzt kritikfähig, weil ihnen Erfahrung und kognitive Reife fehlen.
- Die Phantasie- und Imaginationsfähigkeit der Kinder sollte nicht mißbraucht [sic] werden.
- Da Werbung ein wichtiger Sozialisationsfaktor ist, sollten nur zuverlässige Informationen verbreitet und Negativvorbilder vermieden werden.
- Werbung sollte positive Werte einsetzen, zum Beispiel Freundschaft, Gerechtigkeit und Achtung des anderen.
- Stereotype und ethnische Klischees sollten vermieden werden; statt dessen sollten positive Vorbilder in die Werbung integriert werden.
- Da die Hauptverantwortung für Erziehung bei den Eltern liegt, sollten Werbetreibende deren positiven Einfluß [sic] auf die Kinder fördern."[318]

Consumerism

Consumerism soll die Käufer sensibler und kritischer werden lassen. Dies geschieht vor allem über Bürgerinitiativen, über Kampagnen und Veröffentlichungen. Bürger werfen einen kritischen Blick auf die Unternehmen und veröffentlichen ihre Ergebnisse. Sie beleuchten Produkte, Dienstleistungen, Verkaufsmethoden und Qualitätsstandards der Hersteller. Der Erfolg des Consumerism ist jedoch überschaubar. Ergebnisse sind eher Verkaufseinbußen bei Unternehmen und nicht kritische Konsumerziehung, wie es wünschenswert wäre.[319]

3.6.4 „Problematische Produkte" – Pädagogische Kampagnen

Wenn es um Produkte wie Alkohol, Drogen und Tabak geht, sind die Amerikaner schon engagierter. Es gibt großangelegte Kampagnen und auch Erziehung im Unterricht. Die Vorträge in der Schule beschäftigen sich jedoch mehr mit den gesundheitlichen Aspekten, als mit dem Kon-

---

317 Ebd., S. 51.

318 Ebd., S. 51–52.

319 Ebd., S. 52–53.

sumverhalten. Positiv zu vermerken ist, dass eine eher objektive, wissenschaftlich gestützte Aufklärung stattfindet, anstatt wie einst eine ideologische und auf religiöse Motive gestützte. Offizielle Institutionen, allen voran der International Council on Alcohol and Addictions, sind auf dem Gebiet der problematischen Konsumformen tätig. Neben Behandlungsprogrammen für Alkohol- und Drogenkranke steht die Prävention im Vordergrund. Die angelegten Antiraucher, -alkohol, und -drogen-Kampagnen in den USA sind als vorbildlich anzusehen. Soziale Ächtung und Tabuisierung bestimmter Verhaltensweisen gegenüber Drogen und Co. sind die positiven Resultate daraus.[320]

3.6.5 Fazit

Das Beispiel der USA habe ich gewählt um die Defizite aufzeigen zu können, wenn Konsumerziehung zu kurz kommt. In Amerika ist die Selbstregulierung das höchste Prinzip. Kinder und Jugendliche werden ohne Vorbereitung und ohne Warnungen auf den Markt losgelassen. Amerika ist nicht umsonst als kommerzielles Land im negativen Sinne verrufen. Fast alle Bemühungen um Konsumerziehung beruhen auf privaten Aktivitäten. Die Soziale Arbeit könnte hier eingreifen. In Deutschland ist die Konsumerziehung sicherlich breiter angelegt und findet auch in Schulen statt. Jedoch ist dies auch in Deutschland noch zu wenig. Es muss viel mehr getan werden. Jugendliche werden von Medien und Werbung regelrecht bombardiert. Sozialarbeiter an Schulen oder Kampagnen nach amerikanischem Vorbild wären hier Lösungsansätze. Eine gesunde Entwicklung und Förderung des Konsumverhaltens ist von äußerster Wichtigkeit.

3.7 Professionalisierung der Sozialen Arbeit

3.7.1 Geschichtlicher Anriss

Seit über 100 Jahren wird eine Professionalisierung der Sozialen Arbeit gefordert. Sozialarbeiterinnen wie Jane Adams, Octavia Hill, Henrietta Barnett und Mary Richmond waren die Vorreiter dieser Forderungen. Die Elendssituationen in den Slums und Großstädten bedurfte ihrer Meinung nach einer wissenschaftlichen Reflexion. „Als Vorbild, die richtigen Fragen zu stellen und die richtigen Daten zu sammeln, diente ihnen die Arbeitsweise der Ärzte und Rechtsanwälte. Das Instrumentarium, die Mittel hierzu waren eine zuverlässige, unverzerrte, überprüfbare, sich auf Fakten und nicht auf Gerüchte, kirchliche Moralvorstellungen und bürgerliche Ressentiments verlassende Ermittlung, Analyse

---

320 Ebd., S. 53–54.

und Diagnostizierung der vorhandenen Probleme."[321] Mary Richmond forderte schon 1897 eine Ausbildung der Sozialarbeiter zum professionellen Helfer. „Es kam ihr bei der Ausbildung der SozialarbeiterInnen darauf an, Theorie und Praxis in der richtigen Weise zu kombinieren. Auf den guten Charakter der SozialarbeiterInnen allein war für sie kein Verlaß [sic], wenn nicht die Ausbildung und Erfahrung hinzutritt."[322] In Deutschland setzten sich vor allem Alice Salomon und Heinrich Weber für die Soziale Arbeit als Wissenschaft ein. Seit 1910 gibt es Lehrstühle an Universitäten, die sich mit Sozialer Arbeit befassen. Doch bis heute konnte sich die Soziale Arbeit als Wissenschaft an deutschen Universitäten nicht etablieren.[323]

Seit 1970 gibt es die Studiengänge Pädagogik mit dem Schwerpunkt Sozialpädagogik an Universitäten und Soziale Arbeit an Fachhochschulen. Dennoch wird oft bemängelt, dass die Ausbildung zu oberflächlich ist und einen unzureichenden Berufs- und Praxisbezug hat. „Die Fachhochschule vermittelt in zusammenhanglos nebeneinander stehenden Fächern nur Halbwissen. Quantität auf Kosten der Qualität. Der Sozialarbeiter hat Pädagogik, ist aber kein Pädagoge, er hat Recht, ist aber kein Jurist usw. Er hat von allem gehört, aber nur ein bißchen [sic] und nicht so gründlich."[324] Solche Kritiken kommen von AbsolventInnen der Fachhochschule.[325]

Prinzipiell gibt es zwei Probleme, weshalb die Soziale Arbeit sich nicht als Wissenschaft etablieren kann:

„(a) Soziale Arbeit als Wissenschaft wird nicht oder nicht ausreichend gegen Soziale Arbeit als Praxis und Ausbildung abgegrenzt.

(b) Eine Konzentrierung der Sozialen Arbeit als Wissenschaft auf eigene Fragen und Antworten fehlt."[326]

3.7.2 Grundprobleme bei der Professionalisierung

„Soziale Arbeit hat es mit sozialen Problemen und Konflikten zu tun, also mit schwierigen, komplexen und umfassenden Sachverhalten, die sich nicht ohne weiteres einer Disziplin zuordnen und dort zusammen-

---

321 Engelke, E.: Soziale Arbeit als Wissenschaft. Eine Orientierung. Freiburg im Breisgau: Lambertus, 1992, S. 79.

322 Ebd.

323 Ebd., S. 78–80.

324 Ebd., S 81.

325 Ebd., S. 80–82.

326 Ebd., S. 82.

fassen lassen."[327] Hinzu kommt die Zweiteilung in der Sozialen Arbeit in Sozialpädagogik und Sozialarbeit. Diese Teilung bedeutet auch eine Behinderung der Entwicklung sich als Wissenschaft zu etablieren. „Soziale Arbeit läßt [sic] sich als Beruf im Laufe ihrer Geschichte aus verschiedenen Wurzeln (sowohl haupt- als auch nebenamtlichen Tätigkeiten) und Entwicklungslinien herleiten: ArmenpflegerIn, FürsorgerIn, KindergärtnerIn, JugendleiterIn, VerwalterIn, BewährungshelferIn, KontrolleurIn, GesundheitspflegerIn, VolkspflegerIn, SozialtherapeutIn, HeimleiterIn, AufsichtsbeamtIn, GerichtshelferIn, SozialarbeiterIn, SozialpädagogIn usw."[328] Der Sozialen Arbeit fehlt ein homogenes Wissenschafts-Selbstbewusstsein. Theologen, Juristen und Mediziner zum Beispiel haben eine solche homogene Berufstradition und sind daher mit diesem Problem nicht konfrontiert. Soziale Arbeit hingegen bedient sich vieler benachbarter Disziplinen, wie der Psychologie oder der Pädagogik. Dass erschwert natürlich den Durchbruch zu einer eigenständigen Wissenschaft.[329]

3.7.3 Das interaktionistische Modell von Schütze

Schütze kritisiert, dass das Zeit- und Geldkontingent für professionelle Soziale Arbeit zu gering sind. Dadurch kommt es dazu, dass Fälle nicht ausreichend bearbeitet werden können. „Professionelle Identitätskrisen, Zynismus und burn-out können mögliche Folgen sein."[330] Die Eingebundenheit der Sozialarbeiter in Organisationen haben sowohl Vor- als auch Nachteile. Positiv ist, dass durch die organisatorischen Verhaltensregeln und die Aktendokumentationen Standardisierung, Nachprüfbarkeit, systematische Kritik und Qualitätskontrolle geschaffen werden. Des Weiteren fördern die Weiterbildungsangebote, die Supervisionen, Fachgespräche, Teams und Qualitätszirkel in Organisationen die Sozialisation der Profession. „Neben diesen positiven Aspekten entwickeln Organisationen aber auch ihre eigenen Dynamiken, bilden eigene, mitunter kodifizierte Normen und Handlungsanweisungen, die der professionellen Sinnwelt der Sozialen Arbeit gegenüber stehen. Als besonders kritisch sind dabei Kosten- und Zeitbudgets, die Schablonisierung der Fälle unter Aspekten der Zweckrationalität, die Orientierung an Machterhalt sowie die Kontrolle des Ablaufs bürokratischer Verwal-

327 Ebd., S. 86.

328 Ebd., S. 87.

329 Ebd., S. 87-88.

330 Harmsen, T.: Die Konstruktion professioneller Identität in der Sozialen Arbeit. Theoretische Grundlagen und empirische Befunde. Heidelberg: Carl-Auer-Systeme, 2004, S. 66.

tungsverfahren, der Aktenführung."[331] Das führt zu Konflikten. Schütze meint: „Entweder verinnerlichen Sozialarbeiterinnen die Herrschaftselemente der Organisationsratio durch totale Anpassung an die Hierarchie der Trägereinrichtung und an ihren Anstaltsmythos und werden so zu willigen Ausführungsorganen der Organisationsleitung ... Oder aber sie lehnen Organisation und Verwaltung im Sozialwesen in Bausch und Bogen ab und befleißigen sich einer entsprechenden verwaltungsfeindlichen Rhetorik."[332] Die Folge daraus ist, dass sich ein Denken im Hinblick auf die eigene Organisation weit mehr durchsetzt als ein professionelles Denken. Mehr Kontrolle, weniger Erfolge und zunehmend eingeschränkte Handlungsmöglichkeiten sind die daraus resultierenden Ergebnisse.[333]

Ein weiteres Problem für die Soziale Arbeit als Profession ergibt sich aufgrund ihrer Spezialisierung und Arbeitsteiligkeit. Oft sind in einem Fall verschiedene Fachkräfte - auch aus anderen Professionen - für eine Person zuständig. Keiner aber übernimmt eine Gesamtverantwortung. Neben Kommunikations- und Organisationsproblemen bedeutet dies, dass jeder an einem anderen Strick zieht.[334]

Routineverfahren spiegeln die Situation des Vorhandenseins von gleichzeitigen Vor- und Nachteilen. „Organisatorische und verwaltungstechnische Angelegenheiten werden vereinfacht und garantieren Handlungssicherheit für Professionelle (und auch Klienten). Routine ermöglicht es, professionelle Wissensbestände einzelfallbezogen zu kategorisieren und damit Fallkomplexität zu reduzieren."[335] Da aber Einzelfälle sehr komplex sind führen die Routineverfahren dazu, dass einzelne Fälle nur oberflächlich untersucht werden.[336]

Das sind nur einige Widersprüche und Paradoxien professionellen Handelns. Die Paradoxen bedürfen regelmäßiger Reflexion. Lediglich durch Supervisionen kann man diesen Problemen entgegenkommen. „Durch die Haltung des Fremdverstehens werden Routinen, Überzeugungen, Handlungen systematisch reflektiert, professionelle Haltungen und Handlungen weiterentwickelt."[337]

---

331 Ebd., S. 66–67.

332 Ebd., S. 67.

333 Ebd., S. 65–67.

334 Ebd., S. 67–68.

335 Ebd., S. 68.

336 Ebd.

337 Ebd., S. 71.

3.7.4 Fazit

Aus den Ausführungen von Schützes interaktionistischem Modell erkennt man, dass es keine Patentlösung für eine Profession der Sozialen Arbeit gibt, sondern dass eine Lösung Schritt für Schritt erreicht werden muss. Das kann nur Geschehen, wenn dieses Thema ständig in der Diskussion bleibt und ernsthafte und kritisch durchdachte Ansätze seitens der sozialen Wissenschaft kommen. Eine gute Lobby ist meiner Meinung nach die Wichtigste Voraussetzung. Eine Lobby, die aus den eigenen Wissenschaften der Sozialen Arbeit herauswächst. Eine Lobby der Sozialen Arbeit selbst und keine aus dem Sammelbegriff Soziales oder aus Nachbarprofessionen. Das ist nur möglich, wenn die bisherigen Erfolge der Soziale Arbeit zur selbständigen Wissenschaft, als Stütze und Voraussetzung für ein weiteres Engagement in diese Richtung gilt.

Das Selbstbewusstsein der Sozialen Arbeit und mehr Handlungsmöglichkeiten aus der eigenen Wissenschaft sind wichtige Voraussetzungen, um kranke Elemente in einer kranken Gesellschaft zu bekämpfen. Deshalb ist die Professionalisierung der Sozialen Arbeit eine der wichtigsten Forderungen bei den Handlungsansätzen. Die Soziale Arbeit darf nicht nur als Feuerwehr bei gesellschaftlichen Problemen agieren, sondern muss ihre Erfahrungen und ihr Wissen aktiv in eine Verbesserung der Gesellschaft tragen. Politisch und in Bezug auf die gesellschaftlichen Strukturen muss die Soziale Arbeit mehr Einflussmöglichkeiten bekommen, wenn sie sich professionalisiert hat. Das geht aber nicht, wenn Soziale Arbeit von benachbarten Disziplinen lebt und in so vielen Unterkategorien gegliedert ist.

4 Schlusswort

Das Thema kranke Gesellschaft ist sehr schwer einzugrenzen und auch schwer zu definieren, was eigentlich genau damit gemeint ist. Jeder hat eine andere Vorstellung davon, was die Keime der kranken Gesellschaft sind. Ich habe in meiner Arbeit versucht dies zu klären, nach meinen Anschauungen. Jede andere Meinung kann genauso richtig sein. Jeder andere Aspekt genauso wichtig. Ich musste ein Auswahlverfahren treffen, welche Themenbereiche ich bearbeite und welche nicht. Teils ist mir dies sehr schwer gefallen. Rückblickend bin ich aber der Überzeugung, dass ich die Themen, die mir am meisten am Herzen lagen, diskutiert habe. Manche ausführlich, manche nicht so ausführlich.

Ich habe lange überlegt, wie ich meine Arbeit enden lassen soll. Ein berühmtes Zitat oder eine kleine Geschichte wären sicherlich ein runder Abschluss gewesen. Nichts habe ich jedoch gefunden, was mich überzeugt hätte, um es als Schlussstatement zu verwenden. Schließlich musste ich an einen Satz meines Onkels denken. Der sagte einmal: „Das Leben ist wahr". Soll heißen: Das Leben passiert - hier und jetzt. Dabei gibt es positive und negative Voraussetzungen. Ich kann jedoch entscheiden, wie ich mit diesen umgehe und wie ich mein Leben führe. Ich kann mich entscheiden, ob ich einige Aspekte in einer Gesellschaft hinterfrage oder ob ich einfach der großen Masse hinterherlaufe.

„Das Leben ist wahr". Dabei ist nicht alles scheiße oder alles super. Irgendwo dazwischen liegt die Wahrheit und pendelt oft wild umher. Aber jeder hat Einfluss darauf auf welche Seite der beiden Extreme das Pendel mehr ausschlägt.

Viele Menschen sind der Armut ausgesetzt, hatten eine schwere Kindheit oder haben mit anderen schwierigen Startvoraussetzungen zu kämpfen. Deswegen gibt es Verpflichtungen. Soziales Gewissen ist Medizin für die kranke Gesellschaft. Solidarisches und menschliches Miteinander müssen wieder zunehmen. Daran kann jeder Einzelne arbeiten.

Für jeden kann der Spruch meines Onkels eine andere Bedeutung haben. Er lässt viel Raum für Interpretationen. Man kann an ihm wachsen und lernen. Wichtig ist, alles und immer in Frage zu stellen. Denn man sollte schon wissen was wahr ist. Castingshows, die Jugendlichen im vornherein eine große Bühnenkarriere schmackhaft machen, um sie dann zur besten Sendezeit der Lächerlichkeit preiszugeben, gehören sicherlich nicht zur Wahrheit des Lebens.

Vieles in unserer Gesellschaft kann verändert werden. Jeder Einzelne kann etwas bewegen, man muss sich nur trauen, denn „DAS LEBEN IST WAHR".

5 Literaturverzeichnis

Albrecht, H.: Der Eva- Faktor. In Ztg.: Die Zeit Nr. 28 v. 03.07.2008, S. 31

ARD/ZDF-Medienkommision (Hrsg.): Internet zwischen Hype, Ernüchterung und Aufbruch. 10 Jahre ARD/ZDF-Onlinestudie. Baden-Baden: Eigenverlag, 2007

Barz, H. u.a.: Neue Werte - Neue Wünsche: Future values: wie sich Konsummotive auf Produktentwicklung und Marketing auswirken. Düsseldorf, Berlin: Metropolitan, 2001

Beck, U.: Risikogesellschaft. Auf dem Weg in eine andere Moderne. Frankfurt am Main: Suhrkamp Verlag, 2003

Biermann, B. u.a.: Soziologie. Studienbuch für soziale Berufe. 4. durchges. Aufl. München: Vlg. Ernst Reinhardt, 2004

Brockhaus: Freizeit. 21. Völlig neu bearb. Aufl. Leipzig, Mannheim: F.A. Brockhaus, 2006 (= Bd. 9)

Brockhaus: Gesundheit. 21. Völlig neu bearb. Aufl. Leipzig, Mannheim: F.A. Brockhaus, 2006 (= Bd. 10)

Brockhaus: Hedonismus. 21. Völlig neu bearb. Aufl. Leipzig, Mannheim: F.A. Brockhaus, 2006 (= Bd. 12)

Brockhaus: Konsum. 21. Völlig neu bearb. Aufl. Leipzig, Mannheim: F.A. Brockhaus, 2006 (= Bd. 15)

Brockhaus: Medien. 21. Völlig neu bearb. Aufl. Leipzig, Mannheim: F.A. Brockhaus, 2006 (= Bd. 18)

Buermann, U.: Kinder und Jugendliche zwischen Virtualität und Realität. In Zs: Aus Politik und Zeitgeschichte 39 (2008) S. 34 - 40

Bundesagentur für Arbeit (Hrsg.), Arbeitsmarktberichterstattung: Der Arbeits- und Ausbildungsmarkt in Deutschland. September 2008. Nürnberg 2008

Corbin, A.: Pesthauch und Blütenduft. Eine Geschichte des Geruchs. Berlin: Wagenbach, 1984

Deutsche Presse-Agentur: Elke muss sich nicht mehr schämen. ZDF trennt sich von Heidenreich: „Vertrauen nachhaltig zerstört" - Reich-Ranicki: „Naheliegend". In: Amberger Zeitung. Nr. 249 v. 24.10.2008, S. 3

Deutsche Presse-Agentur: Kluft zwischen Arm und Reich immer größer. OECD-Studie belegt rasanten Wandel: Armut in Deutschland trifft vor allem Alleinerziehende und Kinder. In: Amberger Zeitung. Nr. 247 v. 22.10.2008, S. 1

Ebers, N.: Individualisierung: Georg Simmel - Norbert Elias - Ulrich Beck. Würzburg: Königshausen & Neumann, 1995.

Engelke, E.: Soziale Arbeit als Wissenschaft. Eine Orientierung. Freiburg im Breisgau: Lambertus, 1992

Frees, B. & van Eimeren, B.: Internetverbreitung: Größter Zuwachs bei Silver-Surfern. Ergebnisse der ARD/ZDF-Onlinestudie 2008. Fachzeitschrift Media Perspektiven. Jg. 2008, S. 330 - 344

Fromm, E.: Wege aus einer Kranken Gesellschaft. Eine sozialpsychologische Untersuchung. 5. Aufl. München: Deutscher Taschenbuch Verlag, 1991

Funk, Rainer (Hrsg.): Erich Fromm. Die Kunst des Lebens. Zwischen Haben und Sein. Jubiläumsausgabe. Freiburg im Breisgau: Herder, 2007

Glogauer, W.: Die neuen Medien machen uns krank. Gesundheitliche Schäden durch Medien-Nutzung bei Kindern, Jugendlichen und Erwachsenen. Weinheim: Deutscher Studien Verlag, 1999

Gräßler Bernd (2004): Was und wieviel braucht der Mensch? In: www.dw-world.de (Über die Suchfunktion nach den Titel suchen; aber in der Suchmaske nicht nach Überschrift sondern nach Volltext suchen, sonst kommt kein Suchergebnis) Zugriff am 30.09.2008

Groebel, J.: Vom Vertrauen in den Markt: Das Beispiel USA. In: Deutsches Jugendinstitut (Hrsg.): Werbe- und Konsumerziehung international. Beiträge aus Großbritannien, USA, Frankreich, Italien und Deutschland. Opladen: Leske + Budrich, 1999

Harmsen, T.: Die Konstruktion professioneller Identität in der Sozialen Arbeit. Theoretische Grundlagen und empirische Befunde. Heidelberg: Carl-Auer-Systeme, 2004

Harnisch, E.: Konsumgesellschaft und Säkularisierung. Die Signaturen der zweiten Hälfte des 20. Jahrhunderts. In: Reith & Meyer 2003, S. 237 - 256

Höhne, S.: Vorlesung Öffentlichkeitsarbeit, 07.11.2008, Hochschule Regensburg

Holz, Gerda u.a. (2008): Zukunftschancen für Kinder!? - Wirkung von Armut bis zum Ende der Grundschulzeit. In: www.sozialpolitik-aktuell.de (Fachliche Bereiche → Kindheitsforschung → und dann unter dem Block Kinder im Schulkindalter) Zugriff am 17.10.2008

Hölzel, S.: Freizeitpädagogik zwischen Gleichgültigkeit und Zwang. Ein Grundriß zur Theorie und Praxis. 4. Aufl. Neuwied: Luchterhand, 1991

Junge, M.: Individualisierung. Frankfurt/Main: Campus Verlag GmbH, 2002

Kaiser, Stefan (2008): Wer hat, dem wird gegeben. In: www.tagesspiegel.de (Auf Suchen drücken, dann erscheint die Suchmaske der Internetseite, als Datum den 22.10.2008 und als Suchbegriff den Autor Kaiser Stefan eingeben, dann erscheint der Artikel als Suchergebnis) Zugriff am 24.10.2008

Knebel Bernd (2008): Massiver Missbrauch mit Ein-Euro-Jobs. In: www.haz.de (Über die Suchfunktion nach dem Titel suchen) Zugriff am 25.11.2008

Lampert, T. & Kroll, L. & Dunkelberg, A.: Soziale Ungleichheit der Lebenserwartung in Deutschland. In Zs: Aus Politik und Zeitgeschichte 42 (2007) S. 11 - 18

Lüdtke, H.: Die Rahmung von Freizeit und Konsum durch den Lebensstil. In: *Popp* 2005, S. 157 - 171

Mettler- v. Meibom, B. & Eurich, C. (Hrsg.): Einsamkeit in der Mediengesellschaft. Münster: Lit, 1996 (Kommunikationsökologie, Bd. 1)

Pfeiffer, C.: Mediennutzung, Schulerfolg, Jugendgewalt und die Krise der Jungen. In: Zeitschrift für Jugendkriminalrecht und Jugendhilfe (2006), S. 295 - 309

Popp, R. (Hrsg.): Zukunft: Freizeit: Wissenschaft. Festschrift zum 65. Geburtstag von Univ. Prof. Dr. Horst W. Opaschowski. Wien: Lit, 2005 (= Bd. 6)

Reith, R. & Meyer, T. (Hrsg.): „Luxus und Konsum" - eine historische Annäherung. Münster u.a.: Waxmann, 2003 (= Cottbuser Studien zur Geschichte von Technik, Arbeit und Umwelt, Bd. 21)

Reith, R.: Einleitung. "Luxus und Konsum" – eine historische Annäherung. In: Reith & Meyer 2003, S. 9 - 27

Richter, M. & Hurrelmann, K.: Warum die gesellschaftlichen Verhältnisse krank machen. In Zs: Aus Politik und Zeitgeschichte 42 (2007) S.3 – 10

Schell, F.: Aktive Medienarbeit mit Jugendlichen. Theorie und Praxis. 4. Unveränderte Aufl. München: kopaed, 2003

Spiegel Online (2008): Soziale Ungleichheit in Deutschland wächst rasant. In: www.spiegel.de (Am sinnvollsten ist es, man gibt den Titel des Artikels in die Suchmaschine der Internetseite ein, dadurch gelangt man direkt zum gewünschten Link) Zugriff am 24.10.2008

Statistisches Bundesamt (Hrsg.): Datenreport 2004. Zahlen und Fakten über die Bundesrepublik Deutschland. 2. aktualisierte Aufl. Bonn 2004

Thiel, F.: Freizeit: Freisetzung: Depression. In: *Popp* 2005, S. 173 - 187
Popp, R. (Hrsg.): Zukunft: Freizeit: Wissenschaft. Festschrift zum 65. Geburtstag von Univ. Prof. Dr. Horst W. Opaschowski. Wien: Lit, 2005 (= Bd. 6)

Unverzagt, G. & Hurrelmann, K.: Konsum-Kinder. Was fehlt, wenn es an gar nichts mehr fehlt. Freiburg im Breisgau: Herder, 2001

Winterhoff, M.: Tyrannen müssen nicht sein. Warum Erziehung allein nicht reicht - Auswege. Gütersloh: Gütersloher Verlagshaus, 2009

Winterhoff, M.: Warum unsere Kinder Tyrannen werden. Oder: Die Abschaffung der Kindheit. 11. Aufl. Gütersloh: Gütersloher Verlagshaus, 2008

Zeitfracht Medien GmbH
Ferdinand-Jühlke-Straße 7
99095 Erfurt, Deutschland
produktsicherheit@kolibri360.de